POR QUÉ AMO AL APÓSTOL PABLO

Libros de John Piper publicados por Portavoz

Bajo las alas de Dios
Cómo perseverar hasta el final
Cuando no deseo a Dios
Cuando no se disipan las tinieblas
Dios es el evangelio
Exultación expositiva
La lectura sobrenatural de la Biblia
Lo que Jesús exige del mundo
¡Más vivo que nunca!
No desperdicies tu vida
Pensar. Amar. Hacer. (editor general)
Por qué amo al apóstol Pablo
Preparándonos para el matrimonio
El sufrimiento y la soberanía de Dios (editor general)
Una gloria peculiar

POR QUÉ AMO AL APÓSTOL PABLO

30 RAZONES

JOHN PIPER

EDITORIAL PORTAVOZ

La misión de *Editorial Portavoz* consiste en proporcionar productos de calidad —con integridad y excelencia—, desde una perspectiva bíblica y confiable, que animen a las personas a conocer y servir a Jesucristo.

Traducción: Nohra Bernal

Las cursivas en los versículos bíblicos son énfasis del autor.

EDITORIAL PORTAVOZ
2450 Oak Industrial Drive NE
Grand Rapids, Michigan 49505 USA
Visítenos en: www.portavoz.com

ISBN 978-0-8254-5890-3 (rústica)
ISBN 978-0-8254-6788-2 (Kindle)
ISBN 978-0-8254-7610-5 (epub)

1 2 3 4 5 edición / año 29 28 27 26 25 24 23 22 21 20

Impreso en los Estados Unidos de América

Printed in the United States of America

Contenido

Introducción

¿Mentiroso, lunático o amado?

He vivido con el apóstol Pablo por más de sesenta años. Lo he admirado, lo he envidiado, lo he temido, lo he protestado, lo he memorizado, he escrito poemas acerca de él, he llorado sus sufrimientos, he volado con él, me he hundido en el umbral de la muerte con él, he pasado ocho años predicando acerca de su carta más extensa, lo he imitado. ¡Ja! Imitarlo. Ni en diez vidas lograría acercarme siquiera a sus sufrimientos o ver lo que él vio.

Podemos conocer al Pablo real de la historia

¿Podemos conocer realmente al hombre que vivió hace dos mil años? Tenemos trece cartas que él escribió y un breve diario de viaje de su ministerio, el libro de los Hechos, que fue escrito por Lucas, su médico personal. Mi respuesta es sí, podemos conocerlo. Y cuando alguien llega a conocerlo, lo amará y le creerá, o lo odiará como un impostor, o se apiadará de él como quien ha sido engañado, o quizá simplemente olvide que se trata de un hombre real.

Tal vez hayas oído el argumento de "mentiroso, lunático o Señor" respecto a si Jesús dijo la verdad cuando afirmó ser el Señor divino del universo. Él hizo afirmaciones como: "Antes que Abraham fuese, yo soy" (Jn. 8:58), "Yo y el Padre uno somos" (Jn. 10:30). El razonamiento para determinar su veracidad es el siguiente: "O Cristo engañó a la humanidad por medio de un fraude consciente, o Él mismo estaba engañado, o Él era Dios.

No hay salida para esta disyuntiva. Es inexorable".[1] Mentiroso. Lunático. O Señor.

En otras palabras, el argumento supone que si resulta difícil llamar a Jesús mentiroso o lunático, necesariamente esto supone verlo como Señor. Sin embargo, en tiempos recientes el argumento se ha complicado por el hecho de que algunos han añadido una cuarta posibilidad: la leyenda. Mentiroso. Lunático. Señor. O leyenda. En otras palabras, quizá Jesús no dijo realmente lo que registra el Nuevo Testamento. Tal vez esa descripción sea una leyenda.

Existen razones de peso que contradicen la idea de que el Jesús de los Evangelios del Nuevo Testamento sea una leyenda. Traté de presentar algunas de estas razones en mi libro *Lo que Jesús exige del mundo*.[2] Sin embargo, el libro que tienes en las manos trata acerca de Pablo. Entonces, ¿qué quiero decir con este argumento? Quiero decir que nadie considera seriamente que Pablo sea una leyenda. O, para ser más específico, según sé, ningún historiador estudioso piensa seriamente que no conozcamos al Pablo real e histórico en sus cartas. Aun los eruditos más escépticos que niegan la autoría de Pablo de cinco o seis de sus trece cartas, creen que es posible ver el Pablo histórico y real en el relato del Nuevo Testamento.

¿Mentiroso, lunático o portavoz fidedigno?

Esto significa que el argumento que acabo de mencionar (de mentiroso, lunático o Señor) tiene una aplicación muy significativa en el caso de Pablo. Pablo no afirma ser señor de nadie. De hecho, renuncia a ello (2 Co. 1:24). En cambio, declara ser un apóstol fidedigno y veraz, un representante autorizado y un portavoz de Jesucristo, quien, según declara Pablo, ha resucitado de los muertos, reina sobre el universo y volverá en gloria (Gá. 1:1, 11-16; 1 Co. 14:37-38; 15:1-9, 20-25; 1 Ts. 4:13-17).

---

1. John Duncan, *Colloquia Peripatetica* (Edinburgh: Edmonston & Douglas, 1873), p. 109.

2. John Piper, *Lo que Jesús exige del mundo* (Grand Rapids, MI: Portavoz, 2007) pp. 28-35.

Estas, por supuesto, son declaraciones absurdas, a menos que sean ciertas. Así que tenemos, con respecto a Pablo, una disyuntiva compleja. Pablo era (1) un fraude que sabía que su mensaje era falso, pero usó la religión por un motivo oculto (mentiroso), o (2) estaba engañado (en la misma medida en que era mentiroso), o (3) era un portavoz autorizado y veraz de Jesucristo, el Señor resucitado.

¿Mentiroso, lunático o amado?

Durante las seis décadas en las que he creído en Jesús, de vez en cuando he intentado tomar un poco de distancia y cuestionarme de la manera más sincera posible por qué creo. ¿Cómo es posible tener la confianza para construir la vida entera en torno a la verdad que enseña Pablo? Hace tres años escribí un libro completo para responder esa pregunta, *Una gloria peculiar*.[3] Esta es la respuesta abreviada: Con toda franqueza no puedo considerar a Pablo un mentiroso o un lunático. No puedo verlo como un engañador o un hombre engañado. Él se ganó mi confianza.

¿Cómo sucede esto? Por regla general, no sucede de la noche a la mañana. Viene como resultado de *conocer* a una persona. Sin embargo, por regla general, conocer a una persona requiere tiempo. Y llegar a conocer a una persona compleja y multifacética puede ser un proceso lento y difícil. Con el tiempo, esa clase de persona puede terminar siendo una maraña de confusión y contradicción, o resulta ser una persona de integridad y profunda coherencia. Pablo no está confundido. No es hipócrita. No intenta "agradar a los hombres" (Ef. 6:6). No necesita mi aprobación. No teme mi rechazo. No levanta su dedo en el aire para discernir hacia dónde soplan los vientos de la cultura. Él es auténtico.

He descubierto que el criterio para discernir que alguien no sea un lunático o mentiroso se superpone con el criterio para el amor. En otras palabras, los rasgos que evidencian que una persona está

---

3. John Piper, *Una gloria peculiar: Cómo las Escrituras revelan su completa veracidad* (Grand Rapids, MI: Portavoz, 2017).

sana mentalmente y que es íntegra moralmente son los mismos que inspiran admiración, afecto y aprecio. Por eso he escrito acerca de mi amor por Pablo. El peregrinaje de cómo he llegado a amarlo y el peregrinaje de llegar a confiar en él han sido uno solo.

Dos clases de amor por Pablo

Parte de la razón por la cual amar a Pablo y creer en él tienen una raíz común es que mi amor es tanto una expresión de aprecio como de admiración. Yo aprecio profundamente la enseñanza de Pablo que imparte vida, y siento una gran admiración por las extraordinarias cualidades de excelencia en su vida. Sus palabras han sido mi salvación, y su vida ha respaldado ampliamente esas palabras. Le debo mi vida al evangelio de Jesús, y nadie me ha llevado a profundizar más en los misterios del evangelio como Pablo. Después del Señor Jesús mismo, nadie se ha ganado más mi aprecio y mi admiración. Y estas son, precisamente, respuestas a las virtudes que hacen a alguien digno de confianza. Son una validación genuina.

Para que puedas considerar a Pablo como alguien admirable y confiable

Lo que encontrarás en los siguientes capítulos no es un estudio completo del pensamiento de Pablo. Es una visión extremadamente personal, incluso idiosincrática. Es decir, que refleja mi propio peregrinaje y mis preferencias. Si tú amas a Pablo y haces tu propia lista de razones por las cuales lo amas, podría ser muy diferente de la mía, sin equivocarte. Las diferencias entre estas listas no obedecerían a contradicciones en Pablo. Pueden ser una señal de su grandeza.

Mi objetivo no es establecer una lista definitiva de los atributos comprobados de Pablo. Mi objetivo es honrar a Pablo como un testigo fidedigno. Creo que, en su conjunto, las razones por las cuales lo amo constituyen un argumento convincente de que él no es un mentiroso ni un lunático. Quiero profunda y gozosamente convencerte de que él es admirable y confiable, y que lo que escribe es cierto.

Pablo no es Dios. No es la autoridad suprema. Solo Cristo es la piedra angular. ¡Cristo nunca pecó! Con Pablo no solo tengo en común mi humanidad, sino también mi humanidad *pecaminosa*. Aun así, ¡qué altura de grandeza e intimidad con Dios alcanzó, en gran medida por el sufrimiento! Lo amo por el Cristo que me revela. Lo amo por las insondables riquezas de verdad que me descubre. Lo amo por la abundancia de sus propias excelencias personales, aún más cautivantes por cuanto son tan diversas y paradójicas. La fuerza de estas hermosas paradojas quedará en evidencia en los capítulos siguientes.

Te invito a ser partícipe de mi admiración y de mi amor por el apóstol Pablo. Y él no estaría muy complacido si yo no oro para que, de ese modo, llegues a ver y a confiar en su Señor Jesús como tu Salvador, tu Señor, y el Tesoro supremo de tu vida.

PARTE 1

LA HERMOSA TRANSFORMACIÓN

1

De asesino acérrimo a apóstol de Cristo

Una transformación formidable tuvo lugar en la vida de Pablo a raíz de su experiencia en el camino de Damasco, cuando pasó de ser un asesino de cristianos a un amante de Cristo y de su pueblo.

Pablo había sido fariseo, un miembro de la secta religiosa más estricta del pueblo judío (Hch. 26:5). Había sido formado en su fe por Gamaliel (Hch. 22:3), uno de los más estimados maestros fariseos de su época (Hch. 5:34). Él podía decir en público, sin temor a que alguien lo contradijera: "y en el judaísmo aventajaba a muchos de mis contemporáneos en mi nación, siendo mucho más celoso de las tradiciones de mis padres" (Gá. 1:14).

Su historial de compromiso radical con las tradiciones más estrictas era insuperable:

> ... circuncidado al octavo día, del linaje de Israel, de la tribu de Benjamín, hebreo de hebreos; en cuanto a la ley, fariseo; en cuanto a celo, perseguidor de la iglesia; en cuanto a la justicia que es en la ley, irreprensible (Fil. 3:5-6).

Cuando fue apedreado Esteban, el primer mártir cristiano, Pablo, que era entonces un joven, estuvo allí ayudando a sostener las túnicas de quienes lo mataron (Hch. 7:58). Pero no tardó en dejar de ser un simple asistente que sostenía túnicas para convertirse en un perseguidor feroz.

El suceso que revolucionó su mundo

Lucas, el cronista, médico y compañero de viajes de Pablo, describe en tres ocasiones el suceso que revolucionó la vida de Pablo.

> Saulo, respirando aún amenazas y muerte contra los discípulos del Señor, vino al sumo sacerdote, y le pidió cartas para las sinagogas de Damasco, a fin de que si hallase algunos hombres o mujeres de este Camino, los trajese presos a Jerusalén (Hch. 9:1-2).

Pablo había comprendido que si este peligroso "Camino" cristiano era verdad, iba a sacudir su mundo. Él encontró el significado de su vida y de su "justicia" en la observación meticulosa de la ley mosaica. Lo fue hasta el punto que él se llamó a sí mismo "irreprensible" en esta ley (Fil. 3:6). Entre sus contemporáneos, este logro era una gran "ganancia" (Fil. 3:7), y los superó a todos ellos (Gá. 1:14). Si el Camino cristiano era verdad, si Cristo había resucitado de los muertos, Pablo era muy consciente de las implicaciones para su propia jactancia. Era su fin.

Y cuando Pablo decidió llevar su asesina persecución al norte de Damasco, Dios intervino y revolucionó el mundo de Pablo. Pablo llegó a la convicción de que Dios lo había escogido para este momento aun antes de nacer (Gá. 1:15). En el libro de Hechos, Lucas relata tres veces la historia de la crisis de Pablo (en los capítulos 9, 22 y 26). Por ejemplo:

> Mas yendo por el camino, aconteció que al llegar cerca de Damasco, repentinamente le rodeó un resplandor de luz del cielo; y cayendo en tierra, oyó una voz que le decía: Saulo, Saulo, ¿por qué me persigues? Él dijo: ¿Quién eres, Señor? Y le dijo: Yo soy Jesús, a quien tú persigues; dura cosa te es dar coces contra el aguijón. Él, temblando y temeroso, dijo: Señor,

> ¿qué quieres que yo haga? Y el Señor le dijo: Levántate y entra en la ciudad, y se te dirá lo que debes hacer. Y los hombres que iban con Saulo se pararon atónitos, oyendo a la verdad la voz, mas sin ver a nadie. Entonces Saulo se levantó de tierra, y abriendo los ojos, no veía a nadie; así que, llevándole por la mano, le metieron en Damasco, donde estuvo tres días sin ver, y no comió ni bebió (Hch. 9:3-9).

Luego, Dios envió a un hombre llamado Ananías con la misión de explicarle a Pablo lo que estaba sucediendo. Dios había dicho a Ananías:

> Ve, porque instrumento escogido me es éste, para llevar mi nombre en presencia de los gentiles, y de reyes, y de los hijos de Israel; porque yo le mostraré cuánto le es necesario padecer por mi nombre (Hch. 9:15-16).

O, como Pablo mismo refirió:

> Pero cuando agradó a Dios, que me apartó desde el vientre de mi madre, y me llamó por su gracia, revelar a su Hijo en mí, para que yo le predicase entre los gentiles (Gá. 1:15-16).

Su cambio fue ampliamente conocido

La noticia de la conversión de Pablo fue asombrosa para los cristianos de aquella región porque vieron el cambio radical que había experimentado. Pablo lo expresa de esta manera:

> Porque ya habéis oído acerca de mi conducta en otro tiempo en el judaísmo, que perseguía sobremanera a la iglesia de Dios, y la asolaba… [Pero ahora, los que antes me temían dicen]: Aquel que en otro tiempo nos perseguía, ahora predica la fe que en otro tiempo asolaba. Y glorificaban a Dios en mí (Gá. 1:13, 23-24).

La vida pública de Pablo, antes y después de su conversión a Cristo, fue conocida por cientos, quizá miles de personas. Su transformación de asesino a hombre amoroso fue ampliamente reconocida e innegable. Él no declara una experiencia de conversión *privada.* Él declara un hecho público. Su propia explicación del cambio dramático y público fue que había visto a Jesucristo, quien fue crucificado y resucitó de los muertos.

Jesús, a quien había perseguido, estaba vivo

Este encuentro en el camino de Jerusalén a Damasco convenció a Pablo de que Jesús estaba vivo. Y eso lo cambió todo. El ofrecimiento que le hizo Jesús de perdón divino era real. Pablo lo recibió y se rindió al señorío absoluto de su Salvador resucitado. Fue igualmente decisivo en su vida el hecho de que recibió una misión. Nada volvería a ser igual. El perseguidor era ahora el divulgador por excelencia de aquello que había odiado. Había recibido el evangelio del Cristo resucitado.

> Porque primeramente os he enseñado lo que asimismo recibí: Que Cristo murió por nuestros pecados, conforme a las Escrituras; y que fue sepultado, y que resucitó al tercer día, conforme a las Escrituras; y que apareció a Cefas, y después a los doce. Después apareció a más de quinientos hermanos a la vez, de los cuales muchos viven aún... *y al último de todos... me apareció a mí.* Porque yo soy el más pequeño de los apóstoles, que no soy digno de ser llamado apóstol, porque perseguí a la iglesia de Dios (1 Co. 15:3-9).
>
> Pero por esto fui recibido a misericordia, para que Jesucristo mostrase en mí el [pecador] primero toda su clemencia, para ejemplo de los que habrían de creer en él para vida eterna (1 Ti. 1:16).

Todo lo que me inspira a amar a Pablo nace de este cambio. O bien obedece a una gran fantasía o un gran fraude, o es algo que merece mi más profundo asombro y admiración. El tipo de alma humana que revelan sus cartas no es el alma de un fanático iluso ni de un charlatán que engaña. Por qué creo esto es, en gran medida, el objeto de mi libro.

2

Más allá de la persuasión racional a la revelación de la gloria

Pablo se convirtió a raíz de un encuentro enceguecedor con el resplandor del Señor Jesús resucitado. Sin embargo, cuando elogia la verdad del evangelio en sus cartas, pocas veces usa esta experiencia innegable para persuadir a sus lectores a creer. Él es consciente de que muchos lectores necesitan una mejor garantía de la que ofrece el testimonio histórico.

En dos ocasiones, Pablo refirió en sus cartas haber visto al Cristo resucitado en el camino de Damasco, donde su vida cambió para siempre de ser un perseguidor de cristianos a un embajador de la fe cristiana (ver capítulo 1).

> ¿No soy apóstol? ¿No soy libre? *¿No he visto a Jesús el Señor nuestro?* ¿No sois vosotros mi obra en el Señor? (1 Co. 9:1).

> [Jesús resucitado] apareció a más de quinientos hermanos a la vez, de los cuales muchos viven aún, y otros ya duermen. Después apareció a Jacobo; después a todos los apóstoles; y al último de todos, como a un abortivo, *me apareció a mí* (1 Co. 15:6-8).

Por qué las personas deberían creer el evangelio de Pablo

Es indudable que Pablo consideraba este encuentro con el Cristo resucitado, y el subsiguiente cambio radical en su vida, como una razón de peso para que las personas lo consideren un verdadero portavoz del Hijo de Dios.

> Mas os hago saber, hermanos, que el evangelio anunciado por mí, no es según hombre; *pues* yo ni lo recibí ni lo aprendí de hombre alguno, sino por revelación de Jesucristo (Gá. 1:11-12; ver también Hch. 22:17-21).

Observa la naturaleza de su argumentación. Su evangelio no es simplemente un "evangelio según hombre", *porque* él no lo recibió de un hombre. Él había encontrado al Cristo resucitado.

En seguida respalda su argumento a favor de la verdad de su evangelio con otra cláusula de *por qué*, en Gálatas 1:13: "Porque ya habéis oído acerca de mi conducta en otro tiempo en el judaísmo, que perseguía sobremanera a la iglesia de Dios, y la asolaba". En otras palabras, "el cambio que ustedes ven en mí ahora, arriesgando mi vida por Aquel a quien antes odié, no tiene explicación aparte de mi encuentro con Cristo".

¿Y qué de los que no somos historiadores?

¿Qué sucede entonces con las acuciantes preguntas de duda que se despiertan en nuestro corazón en lo concerniente a un evangelio cuya verificación depende de un testimonio humano histórico distante? Puede ser que los historiadores meticulosos que saben cómo analizar las evidencias y seguir extensas líneas de razonamiento sean capaces de comprobar la alta probabilidad de la verosimilitud de la explicación de Pablo.

Pero ¿qué del individuo común? ¿Se supone que debemos aventurarnos a depender de una alta probabilidad? ¿Y qué le depara al aborigen analfabeto que oye por primera vez de boca de un misionero la historia del evangelio? Jesús lo invita a tomar su cruz y a la posibilidad de morir por su fe (Lc. 21:16). ¿Existe una manera en la que él pueda conocer la verdad del mensaje de Pablo con una confianza tal que el martirio no sea una locura?

La defensa sobrenatural de Pablo de la verdad

Aquí es donde Pablo me asombra al ir más allá de su conversión sobrenatural como evidencia y pasar a la gloria intrínseca del evangelio como fundamento de su verdad. Escucha estas profundas palabras acerca de cómo vemos la verdad del evangelio:

> El dios de este siglo [Satanás] cegó el entendimiento de los incrédulos, para que no les *resplandezca la luz del evangelio de la gloria de Cristo*, el cual es la imagen de Dios. Porque no nos predicamos a nosotros mismos, sino a Jesucristo como Señor, y a nosotros como vuestros siervos por amor de Jesús. Porque Dios, que mandó que de las tinieblas resplandeciese la luz, es el que *resplandeció en nuestros corazones, para iluminación del conocimiento de la gloria de Dios* en la faz de Jesucristo (2 Co. 4:4-6).

Primero, Pablo habla de la incapacidad de ver "*la luz del evangelio de la gloria de Cristo*". Luego habla del remedio de Dios para ese problema: Dios ha "*resplandecido en nuestros corazones para iluminación del conocimiento de la gloria de Dios*". En ambas declaraciones, Pablo habla de una "luz". Reflexionemos en la naturaleza de esta "luz". En la primera declaración, resplandece a partir del "evangelio de la gloria de Cristo". En la segunda declaración, resplandece a partir del "conocimiento de la gloria de Dios".

En otras palabras, no se trata de una luz *física* o *material*, como la que emana del sol o de una vela. Es una luz *espiritual*. No se percibe con los ojos físicos, sino por medio de lo que Pablo ve como los ojos del corazón (Ef. 1:18, LBLA). Con todo, no es menos real que la luz física. Es la "luz del conocimiento de la gloria de Dios en la faz de Jesucristo". O la "gloria de Cristo, el cual es la imagen de Dios". Es luz divina que resplandece a través de la historia del evangelio.

¡Qué privilegio es poder conocer por medio de la visión de gloria!

El apóstol Juan se refería a esta clase de gloria cuando dijo de Jesús: "(y vimos su gloria, gloria como del unigénito del Padre), lleno de gracia y de verdad" (Jn. 1:14). Sin embargo, la mayoría de los fariseos no la vieron cuando veían a Jesús. Por eso, Jesús dijo: "porque viendo no ven" (Mt. 13:13).

Pero Juan la vio. Y Pedro la vio (Mt. 16:17). Fue una percepción real. Y la gloria de Cristo fue una evidencia real. Fue un fundamento real y seguro para la fe. Pero no fue una percepción física, puesto que muchos vieron a Jesús (y oyeron el evangelio) y no vieron esta "gloria" ni la "luz del evangelio".

Estoy profundamente agradecido porque el apóstol Pablo fue guiado más allá de la argumentación histórica para sustentar la verdad del evangelio. La historia es necesaria. Si no existiera un Jesús histórico, y si no hubiera muerte para los pecados y resurrección de los muertos, entonces nuestra fe sería vana (1 Co. 15:14).

Con todo, las evidencias históricas por sí solas no logran penetrar las profundidades de nuestra alma, donde yace la convicción espiritual. Si hemos de vivir y morir por Jesús, debemos ver su gloria con los ojos de nuestro corazón. Mi gratitud hacia Pablo, nada más considerando este punto, es a lo que me refiero cuando digo que lo amo.

3

Firme en su llamamiento en medio de sufrimientos sin par

Pablo estaba completamente consagrado al llamamiento que el Cristo resucitado le había encomendado, a pesar de que lo llevó a experimentar sufrimientos inigualables.

Muchas personas religiosas que experimentan la conversión demuestran un destello inicial de gran celo, pero la llama se extingue al cabo de un tiempo y vuelven a la normalidad de una vida corriente en este mundo. Eligen la comodidad y la seguridad, y viven sus vidas como personas agradables. El giro en la vida de Pablo, de perseguidor de cristianos a promotor radical y arriesgado del cristianismo, no se extinguió. Su vida fue insólita en su resuelta devoción a la persona y a la causa que llegó a amar: Jesucristo y la salvación por la gracia.

La belleza de la resolución en una gran causa

Soy admirador de la gente resuelta. Me encanta ver una vida entera entregada a una sola causa grande. Para mí es hermoso cuando un alma humana, en vez de saltar de un interés a otro, persevera en uno hasta el final. Por supuesto, esto solo es plausible si la meta merece una vida entera de dedicación exclusiva. En algunos pasajes, Pablo expresa la pasión de su vida en una frase. Por ejemplo:

> Pero de ninguna cosa hago caso, ni estimo preciosa mi vida para mí mismo, con tal que acabe mi carrera con gozo, y el

> ministerio que recibí del Señor Jesús, para dar testimonio del evangelio de la gracia de Dios (Hch. 20:24).

Yo resumo esta magnífica frase de la siguiente manera: *es mejor perder tu vida que desperdiciarla.* Y para Pablo, no desperdiciar su vida significaba permanecer en un solo rumbo hasta el final, el rumbo de "dar testimonio del evangelio de la gracia de Dios". Él usa esta misma palabra *rumbo*, traducida *carrera*, en su despedida al final de su vida:

> He peleado la buena batalla, he acabado la *carrera*, he guardado la fe. Por lo demás, me está guardada la corona de justicia, la cual me dará el Señor, juez justo, en aquel día; y no sólo a mí, sino también a todos los que aman su venida (2 Ti. 4:7-8).

Él lo logró. Hasta el final. ¿No es hermoso cuando un hombre tiene una sola gran pasión noble en la vida por la cual arde a todo lo largo de su recorrido hasta el fin? Al final, cuando Pablo llegó a Roma por última vez, incluso entonces, siendo ya mayor, planeaba ir a España porque había una inclinación particular en su pasión por "el evangelio de la gracia de Dios", a saber, ir donde el evangelio no había llegado aún:

> Me esforcé a predicar el evangelio, no donde Cristo ya hubiese sido nombrado, para no edificar sobre fundamento ajeno (Ro. 15:20).

Por lo que sabemos, no logró llegar a España. No obstante, prefiero ver a un hombre que muere de manera abrupta de camino a una última conquista, que verlo desviarse de la ruta por buscar las comodidades de la edad avanzada.

La pasión en todas las pasiones de Pablo

Tal vez la expresión de la pasión singular de Pablo que más ha conmovido mi corazón es la que aparece en Filipenses 1:20. En cualquier caso, ya sea que Pablo afirme que su única ruta es testificar el evangelio de la gracia de Dios o que su ambición sea predicar ese evangelio donde no ha sido predicado, en, bajo y a través de esa pasión singular radicaba la meta final de vivir y morir *para que Jesucristo sea glorificado en el cuerpo de Pablo.* Esta fue la pasión de vida que unificaba todas sus metas estratégicas:

> Conforme a mi anhelo y esperanza de que en nada seré avergonzado; antes bien con toda confianza, como siempre, ahora también será magnificado Cristo en mi cuerpo, o por vida o por muerte.

Cada sueño, cada plan, cada estrategia, cada movimiento, cada mensaje con una sola pasión que lo unifica todo: "[que Cristo sea magnificado] en mi cuerpo, o por vida o por muerte".

Por medio de sufrimiento constante

Pero no es solo la firmeza de su pasión y la constancia de su enfoque lo que ganó mi admiración y mi amor, sino el hecho de que en este compromiso inquebrantable a la misión que recibió de Dios, sus sufrimientos fueron constantes y casi insoportables, y aún así no se desvió de su ruta. Claro está, es admirable que alguien se consagre a una sola causa gloriosa en su vida. Sin embargo, es extraordinario hacer esto en medio de sufrimiento constante.

Elijo con cuidado la palabra *constante*. En el momento de la conversión de Pablo, Jesús le dijo: "porque yo le mostraré cuánto le es necesario padecer por mi nombre" (Hch. 9:16). Y luego, cuando Pablo describe su vida de pruebas, no solo parecen constantes sino como si vinieran de todas las direcciones:

> Yo más [he servido a Cristo]; en trabajos más abundante; en azotes sin número; en cárceles más; en peligros de muerte muchas veces. De los judíos cinco veces he recibido cuarenta azotes menos uno. Tres veces he sido azotado con varas; una vez apedreado; tres veces he padecido naufragio; una noche

> y un día he estado como náufrago en alta mar; en caminos muchas veces; en peligros de ríos, peligros de ladrones, peligros de los de mi nación, peligros de los gentiles, peligros en la ciudad, peligros en el desierto, peligros en el mar, peligros entre falsos hermanos; en trabajo y fatiga, en muchos desvelos, en hambre y sed, en muchos ayunos, en frío y en desnudez; y además de otras cosas, lo que sobre mí se agolpa cada día, la preocupación por todas las iglesias (2 Co. 11:23-28).

Si lees este pasaje con un afectuoso sentido imaginativo y empatía, puedes fácilmente derramar lágrimas. Recuerda que Pablo no estaba casado. Y, aunque tenía muchos amigos cercanos, cuán solo debió sentirse gran parte del tiempo. Imagínatelo tarde en la noche, recuperándose solo de sus heridas, mientras otros recibían los cuidados de una esposa.

Un hombre cuerdo sabe cuando habla como un loco

Claro, es posible que tu respuesta no sea de empatía imaginativa y lágrimas, sino de sospecha. Quizá digas: "Esta lista de sufrimientos parece jactancia". Tal vez tengas algo de razón. Era cierta forma de jactancia. Y deberías preguntarte (como yo sin duda lo he hecho), "¿por qué es esto admirable?". ¿Por qué no es evidencia de que estaba perdiendo el control y hablando como un loco obsesivo?

He aquí mi respuesta. Los falsos apóstoles estaban intentando desvirtuar la obra de Pablo en Corinto, adonde él envió esa lista de sufrimientos. Ellos se vanagloriaban de tener grandes credenciales. Así que Pablo dice, y él sabe que es algo muy arriesgado: "¿Son ministros de Cristo? (*Como si estuviera loco* hablo)" (2 Co. 11:23).

En otras palabras, solo un loco se jacta de esa manera. Entonces, ¡sí! Él lo dice abiertamente: "Me he hecho un necio al gloriarme; vosotros me obligasteis a ello, pues yo debía ser alabado por vosotros; porque en nada he sido menos que aquellos grandes apóstoles, aunque nada soy" (2 Co. 12:11). Eso es arriesgado.

Y yo lo amo por haberse arriesgado a decirlo. Porque sé, con base en sus trece cartas, que este hombre no es un ególatra cobarde que necesita apoyarse en la alabanza o la compasión de otros. La diferencia entre un hombre cuerdo y un loco es que cuando el hombre cuerdo habla como un loco, lo sabe y puede reconocerlo. ¿Por qué se arriesga Pablo a hablar como un loco? "¿Por qué? ¿Porque no os amo? Dios lo sabe" (2 Co. 11:11).

Sí, él los ama. Tal es el significado de estos sufrimientos. Yo también me siento amado por este "loco" y por su lista de pesares que revelan su única pasión: magnificar a Cristo en vida y en muerte. ¿Cómo no podría amarlo a cambio?

4

Amor inquebrantable por quienes lo azotaron

> Pablo no permitió que su sufrimiento a manos de los judíos enemistara su corazón en contra de su propio y amado pueblo judío.

En la larga lista de sufrimientos de Pablo (2 Co. 11:23-33), el que más me conmueve y me produce escalofríos cada vez que se menciona es el que describe con estas palabras: "De los judíos cinco veces he recibido cuarenta azotes menos uno" (v. 24). Hay tres razones por las cuales este me parece el sufrimiento más horrible.

Por qué los azotes, cinco veces, fueron horribles

Primero, hay un simple número de azotes: treinta y nueve cada vez. Segundo, los treinta y nueve azotes se aplicaron cinco veces, posiblemente sobre la misma espalda cicatrizada. Tercero, fueron los judíos, sus propios parientes, como los llama en otro pasaje (Ro. 9:3), quienes lo azotaron.

Acompáñame a imaginar esa experiencia. Cuenta los azotes. Seguramente la carne terminaba rasgándose aun cuando quien propinaba los azotes intentaba ser clemente. Y no hay indicación alguna de que hubiera intención benevolente alguna en los azotes. Eran ejecutados por los adversarios judíos de Pablo. Era la manera como se acostumbraba castigar lo relacionado con la sinagoga. Jesús dijo que esto sucedería.

> Y guardaos de los hombres, porque os entregarán a los concilios, *y en sus sinagogas os azotarán* (Mt. 10:17).
>
> He aquí yo os envío profetas y sabios y escribas... y *a otros azotaréis en vuestras sinagogas*, y perseguiréis de ciudad en ciudad (Mt. 23:34).

El Antiguo Testamento había dictado el número máximo de azotes para un criminal. Debía ser proporcional al crimen cometido, pero en ningún caso más de cuarenta:

> Y si el delincuente mereciere ser azotado, entonces el juez le hará echar en tierra, y le hará azotar en su presencia; según su delito será el número de azotes. Se podrá dar cuarenta azotes, no más; no sea que, si lo hirieren con muchos azotes más que éstos, se sienta tu hermano envilecido delante de tus ojos (Dt. 25:2-3).

Había otra razón por la cual no debía pasarse de los cuarenta azotes: no se trataba de una sentencia de muerte. Sin embargo, al menos una fuente judía advierte acerca de la posibilidad de que la víctima muriera durante o después de la aplicación completa de los azotes (m. Makot 3:14). No se trataba de azotes suaves.

Por consiguiente, Pablo no estaba recibiendo un trato benigno. Los azotes eran mortales, y él estaba recibiendo el número máximo permitido. La mayoría de eruditos coincide en que solo se aplicaban treinta y nueve en lugar de cuarenta con el fin de proteger la sinagoga de transgredir el máximo legal en caso de un error en el cálculo. Estas cinco veces que Pablo fue azotado no fueron sucesos aislados en la vida del apóstol. Después de cada serie de azotes, su espalda debió ser una maraña de tejido cicatrizado en carne viva y frágil que probablemente hacía los movimientos de Pablo dolorosos.

Por eso te invito otra vez a que imagines el efecto que estos treinta y nueve azotes tendrían en la espalda. Luego imagina el proceso de recuperación en una época sin antibióticos y la imposibilidad de una cirugía plástica para tratar el tejido cicatrizado. Luego imagina que esto sucede una segunda vez en la misma espalda. La cicatrización es más lenta. Luego imagina una tercera vez. La cicatrización es aún más lenta, ya que el tejido afectado está frágil y nunca se une correctamente. Luego imagina la cuarta vez sobre la misma espalda herida y sanada parcialmente. Y, por último, imagina cómo atan a Pablo una quinta vez.

La razón por la cual digo "trata de imaginar esto" no es despertar una sensación de agonía física, sino de lo que tú pudiste haber sentido hacia Dios y hacia tus adversarios, el pueblo judío. Ya hemos visto cómo Pablo rehusó enojarse con Dios, aunque sabía que una sola palabra de Dios bastaría para dejar ciegos a sus perseguidores (lo cual sucedió en la isla de Chipre, en Hechos 13:11), algo que Dios eligió no hacer en las cinco ocasiones en las que fue azotado.

Amor inquebrantable por quienes lo azotaron

Es suficientemente asombroso que Pablo haya sido azotado una segunda vez, luego una tercera, una cuarta y una quinta, sin maldecir a Dios. A este asombro se suma el hecho de que nunca dejó de amar a su pueblo judío que perpetró los azotes. Si esto sucedió una y otra vez mientras predicaba en las sinagogas del mundo romano, ¿por qué insistía en regresar? Hay dos razones principales.

La primera es que el evangelio de la gracia con el cual estaba completamente comprometido había sido enviado por Dios "*al judío primeramente*, y también al griego". Pablo escribió a los cristianos romanos: "Porque no me avergüenzo del evangelio, porque es poder de Dios para salvación a todo aquel que cree; al judío primeramente, y también al griego" (Ro. 1:16). Pablo fue primero a las sinagogas, y luego se dirigió a los gentiles.

La segunda razón es más personal. Él *amaba* a sus parientes judíos. Su rechazo del evangelio era un tormento espiritual para él. Esta pena era un incentivo más poderoso para alcanzar a sus parientes con el evangelio, que el desaliento que podían provocar los azotes. Él escribió:

> Tengo gran tristeza y continuo dolor en mi corazón. Porque deseara yo mismo ser anatema, separado de Cristo, por amor a mis hermanos, los que son mis parientes según la carne... el anhelo de mi corazón, y mi oración a Dios por Israel, es para salvación (Ro. 9:2-3; 10:1).

Cuando veo que Pablo soporta cinco veces los treinta y nueve azotes "a manos de los judíos", y luego lo veo regresando cada vez a sus amados, como él dice, "para que de todos modos salve a algunos" (1 Co. 9:22), me deja pasmado su amor, su amor por Cristo y el evangelio, y su amor por su pueblo.

Amar a Jesús en Pablo

Yo veo a Jesús en este hombre. Porque Jesús dijo: "Amad a vuestros enemigos, haced bien a los que os aborrecen; bendecid a los que os maldicen, y orad por los que os calumnian" (Lc. 6:27-28). Jesús hizo esto precisamente en la cruz. Pablo dijo: "nos maldicen, y bendecimos; padecemos persecución, y la soportamos" (1 Co. 4:12-13). Él veía en sus cicatrices las marcas mismas del amor de Jesús en su agonía: "estamos... llevando en el cuerpo siempre por todas partes la muerte de Jesús, para que también la vida de Jesús se manifieste en nuestros cuerpos" (2 Co. 4:8-10). Por eso admiro a Pablo y lo amo.

5

Contentamiento imperturbable tanto en la humillación como en la abundancia

> Aunque Pablo no subestimó ni le restó importancia a sus sufrimientos, no se amargó por ellos. Antes bien, encontró contentamiento en los propósitos misericordiosos de Dios por medio de su sufrimiento.

Siento gran admiración por las personas que sufren sin murmurar. Especialmente cuando creen en Dios sin nunca enojarse contra Él ni criticarlo. Me parece que abstenerse de murmurar es una cualidad verdaderamente escasa en el mundo. Y cuando esto se acompaña de una profunda fe en Dios, que aunque tiene el poder para alterar nuestras circunstancias dolorosas no lo hace, esa persona se engalana con una confianza en Dios y tal honra a Él, que se vuelve aún más atractiva. Pablo era esa clase de persona.

Estuvo al borde de la muerte

Pablo relata una ocasión en la que su fe fue puesta a prueba al punto que estuvo al borde de la desesperanza y la muerte:

> Fuimos abrumados sobremanera más allá de nuestras fuerzas, de tal modo que aun perdimos la esperanza de conservar la vida. Pero tuvimos en nosotros mismos sentencia de muerte, para que no confiásemos en nosotros mismos, sino en Dios que

> resucita a los muertos; el cual nos libró, y nos libra, y en quien esperamos que aún nos librará (2 Co. 1:8-10).

Hay tres hechos notables en este pasaje. Primero, la intensidad del sufrimiento: "tuvimos en nosotros mismos sentencia de muerte". Segundo, que hay un propósito o designio en este sufrimiento: "para que no confiásemos en nosotros mismos, sino en Dios que resucita a los muertos". Tercero, que dicho propósito era el propósito *de Dios*. No pudo haber sido de Satanás, ya que Satanás definitivamente no quería que Pablo confiara en Dios.

Así pues, la verdad que Pablo creyó acerca de sus sufrimientos, sin importar cuán intensos fueran, es que nacían del propósito final de Dios, y el propósito era que Pablo confiara menos en él mismo y más en Dios, cada momento de su vida, especialmente conforme se acercaba la muerte.

Una clave para no murmurar

Al parecer, es así como Pablo podía librarse de la murmuración frente a su sufrimiento. Él sabía que Dios estaba a cargo de esto y que los propósitos de Dios buscaban siempre su bien. El apóstol refuerza esta verdad en otros pasajes:

> Nos gloriamos en las tribulaciones, sabiendo que la tribulación produce paciencia; y la paciencia, prueba; y la prueba, esperanza; y la esperanza no avergüenza; porque el amor de Dios ha sido derramado en nuestros corazones por el Espíritu Santo que nos fue dado (Ro. 5:3-5).

Vemos otra vez que la base de la libertad de Pablo para no murmurar, la presencia misma de su *gozo*, era su confianza en que Dios llevaba a cabo en Pablo una obra crucial: producir perseverancia y esperanza llena de Dios.

Sufrir sin la continuación de la vida terrenal

Pero ¿qué del sufrimiento que solo conduce a la muerte y no a un nuevo capítulo de vida sobre la tierra donde podrían crecer la confianza en Dios (2 Co. 1:9), la paciencia y la esperanza (Ro. 5:4)? Pablo era plenamente consciente de esta pregunta y dio su respuesta en 2 Corintios 4:16-18:

> Por tanto, no desmayamos; antes aunque este nuestro hombre exterior se va desgastando, el interior no obstante se renueva de día en día. Porque esta leve tribulación momentánea produce en nosotros un cada vez más excelente y eterno peso de gloria; no mirando nosotros las cosas que se ven, sino las que no se ven; pues las cosas que se ven son temporales, pero las que no se ven son eternas.

El tema aquí es el desgaste gradual de la vida humana por cuenta de la aflicción, la enfermedad y el envejecimiento. En otras palabras, el capítulo que sigue a este sufrimiento no es una etapa de mayor fe y esperanza sobre la tierra. El siguiente capítulo es el cielo.

Así pues, ¿qué sentido tiene un sufrimiento mayor cuando se acerca la muerte? ¿Cómo no murmuramos de nuestros dolores y dolencias, y de la cercanía de la muerte quienes tenemos pocos años por delante? La respuesta de Pablo es que las aflicciones de esta vida, si las soportamos confiando en Cristo, en realidad producen una mayor medida de gloria en el cielo. "Esta... tribulación momentánea produce en nosotros un cada vez más excelente y eterno peso de gloria".

Un contentamiento asombroso en tiempos difíciles y fáciles

Por lo anterior, aunque la vida de Pablo se caracterizó por sufrimientos constantes (2 Co. 11:23-33, ver capítulo 3), hay apenas un asomo de murmuración y en ningún caso contra Dios. Él podía enojarse contra el error destructivo y contra sus maestros (Gá. 1:8-9; 5:12). Y podía expresar sus presiones y sus cargas (2 Co. 11:28). Sin embargo, su contentamiento en medio de todo esto fue extraordinario.

Él dijo que había aprendido el *secreto* del contentamiento:

> He aprendido a contentarme, cualquiera que sea mi situación. Sé vivir humildemente, y sé tener abundancia; en todo y por todo estoy enseñado, así para estar saciado como para tener hambre, así para tener abundancia como para padecer necesidad. Todo lo puedo en Cristo que me fortalece (Fil. 4:11-13).

Este "secreto" parecía ser la presencia suficiente y el valor de Cristo (Fil. 3:8), junto con la confianza de Pablo en la soberanía misericordiosa de Dios que obraría para su bien en toda circunstancia (Fil. 1:12; Ro. 8:28). Observar cómo Pablo mantiene su contentamiento humilde y dependiente de Dios, y valorando a Cristo en medio de todos sus sufrimientos me lleva a admirar a este hombre.

PARTE 2

AMAR AL HOMBRE QUE MARCÓ MI VIDA

6

Magnificar a Cristo por medio de una muerte satisfactoria

Pablo me sacó de una de las mayores tensiones sin resolver en mi vida, y me llevó a descubrir lo que yo llamo "el hedonismo cristiano", el cual ha guiado y marcado mi vida durante cincuenta años.

Cuando estaba en la universidad, viví con una tensión constante en mi vida cristiana. Por un lado, había aprendido de mis padres y de la Biblia que debía vivir para la gloria de Dios. "Si, pues, coméis o bebéis, o hacéis otra cosa, hacedlo todo para la gloria de Dios" (1 Co. 10:31). Esto significó que mi motivación para todo lo que hacía debía ser ayudar a las personas a ver la realidad de la grandeza y la belleza de Dios.

Por otro lado, yo quería ser feliz. No podía suprimir este deseo. Era tan natural como sentir hambre entre comidas. Como dijo el predicador escocés Thomas Boston hace trescientos años:

> Considera lo que es el hombre: (1) Él es una criatura que desea la felicidad y no puede evitar desearla. Este deseo de felicidad está entretejido en su naturaleza y no puede ser erradicado. Para él es tan natural desear como respirar. (2) Él no es autosuficiente: es consciente en su interior de que quiere muchas

> cosas, y por ende busca sin cesar algo por fuera de sí mismo a fin de ser feliz.[1]

La tensión sin resolver consistía en que yo sentía que estos dos motivos estaban en conflicto. Me parecía que si yo estaba motivado por el deseo de mi propia felicidad, el objetivo de glorificar a Dios estaba en juego. Después de todo, ¿no dijo Jesús: "Si alguno quiere venir en pos de mí, niéguese a sí mismo" (Mr. 8:34)?

De perlas de oro a eslabones de acero

Sin embargo, después de graduarme de la universidad, en mi primer año de seminario, empecé a estudiar las epístolas de Pablo como nunca antes. Hasta entonces había considerado la Biblia principalmente como una colección de perlas de oro de verdad y de sabiduría. Cada día me acercaba a este baúl de oro y encontraba una perla o dos y las llevaba conmigo a lo largo del día.

Así lo hice hasta que descubrí casi de la noche a la mañana la verdad explosiva de que los autores bíblicos, especialmente Pablo, no se limitan a juntar perlas, ni siquiera un collar de perlas. Pablo, con mayor rigor que cualquier otro, forja sólidos eslabones en una cadena de acero de lógica inquebrantable. Sé que para muchos el término *lógica* no suena como algo explosivo o vivificante. Pero permíteme intentar mostrarte por qué esto fue absolutamente revolucionario en mi vida, y cómo reveló la clave que resolvió la tensión que había vivido durante años.

La cadena liberadora empieza a formarse

Acompáñame a leer la carta de Pablo a los Filipenses. En el primer capítulo dice:

> Conforme a mi anhelo y esperanza de que en nada seré avergonzado; antes bien con toda confianza, como siempre, ahora

1. Thomas Boston, *An Illustration of the Doctrines of the Christian Religion*, vol. 1, *The Whole Works of Thomas Boston*, ed. Samuel M'Millan (Aberdeen: George & Robert King, 1848), p. 16.

> también será magnificado Cristo en mi cuerpo, o por vida o por muerte. Porque para mí el vivir es Cristo, y el morir es ganancia (Fil. 1:20-21).[2]

Observa cómo expresa Pablo la primera parte de aquella tensión en mi vida, a saber, su pasión de vivir para la gloria de Dios. Él dice que su "anhelo y esperanza" es que Cristo (quien es la revelación plena de Dios) sea "magnificado" en su cuerpo. Eso es lo que yo siempre consideré mi razón para vivir: Mostrar a otros cuán magnífico es *Dios*, tal como se revela en Cristo. "Hacedlo todo para la gloria de Dios".

Antes, yo hubiera considerado esto una perla para guardar en el bolsillo de mi memoria durante el día, admirar, y orar para que se volviera una realidad en mi vida. Pero ahora, un maestro sabio me obligaba a verla no como una perla sino como un eslabón en una cadena de razonamiento. Acompáñame a seguir la cadena.

El argumento aparece

Tan pronto como Pablo dice en el versículo 20 que Cristo será magnificado en su cuerpo "o por vida o por muerte", añade en el versículo 21 el *fundamento* de esta realidad. Observa la palabra *porque* al principio del versículo 21 (¡una señal inequívoca de que se está forjando una cadena!). Yo no solía prestar mucha atención a estas pequeñas palabras y expresiones como *porque*, *por tanto*, *puesto que*, *por lo tanto* y *a fin de*.

Sin embargo, ahora empezaba a comprender que para Pablo estas eran las palabras que forjaban los enlaces y convertían las perlas en eslabones de una cadena.

Cuando trataba de meditar en esta conexión entre los versículos 20 y 21, noté que las palabras "o por vida o por muerte" en el versículo 20 corresponden a las palabras "el *vivir* es Cristo, y el *morir* es ganancia" del versículo 21. Así queda claro que el *porque* del comienzo del versículo 21, y la referencia a la vida y a la muerte

2. En griego, el término "magnificado" es *megalunthesetai*.

en ambos versículos, constituyen la explicación de Pablo en el versículo 21 de cómo Cristo va a magnificarse en su cuerpo tanto en muerte como en vida.

¿Cómo funciona, pues, el argumento? Si logras ver esto y penetra el fondo de tu alma como me sucedió a mí, nunca volverás a ser el mismo. Concentrémonos en la conexión entre *muerte* en el versículo 20 y las palabras *el morir* en el versículo 21.[3] ¿De qué manera el hecho de que Pablo *muera* hará que Cristo sea magnificado?

Esto es lo que dice: "Mi anhelo y esperanza es que Cristo sea *magnificado* por medio de mi muerte, *porque* para mí el morir es *ganancia*". ¿Puedes ver cómo su muerte magnificaría a Cristo? Él dice: "Mi muerte hará ver la magnificencia de Cristo *porque* para mí el morir es *ganancia*". ¡De modo que la clave para mostrar la magnificencia de Cristo es experimentar la muerte como ganancia! O, dicho de otra manera, la clave *para magnificar a Cristo en la muerte es experimentar la muerte como satisfactoria*.

¿Cómo puede la muerte ser satisfactoria?

¿La muerte como algo satisfactorio? Esto es escandaloso. Cuando mueres, tu cónyuge fallece, el sexo se acaba, los hijos se van, el sueño de la jubilación desaparece, los pasatiempos se agotan y el cuerpo con todos sus placeres perece, hasta la resurrección. ¿A qué se refiere entonces Pablo con que la *pérdida* puede considerarse *ganancia*? Él nos da la respuesta en los versículos 22-23:

> Mas si el vivir en la carne resulta para mí en beneficio de la obra, no sé entonces qué escoger. Porque de ambas cosas estoy puesto en estrecho, *teniendo deseo de partir y estar con Cristo, lo cual es muchísimo mejor*.

Para Pablo, morir significa estar con Cristo. Y él declara que

3. En otro aparte he explicado cómo el otro par de palabras (vida y vivir) sirve para magnificar a Cristo. Ver https://www.desiringgod.org/interviews/to-live-is-christ-what-does-that-mean.

esto es *muchísimo mejor* que esta vida presente. Cuando Pablo compara todos los placeres que se limitan a este mundo con el placer de estar con Cristo cara a cara, él denomina a la muerte *ganancia*, a pesar de eliminar todos esos placeres terrenales. La muerte le brinda una experiencia más cercana de Cristo. Esto es ganancia. Tal como lo expresa en Filipenses 3:8: "estimo todas las cosas como pérdida por la excelencia del conocimiento de Cristo Jesús, mi Señor".

Cómo me liberé de mi tensión vital

Según esta sucesión lógica de los versículos 20-23, ¿cómo se magnifica entonces Cristo en nuestra muerte? La respuesta de Pablo es que Cristo se magnifica en nuestra muerte cuando lo experimentamos a Él como más satisfactorio que todos los placeres que podría ofrecer la vida en este mundo. ¿Te das cuenta de cuán asombroso fue esto para mí? Esto me dio la clave que liberó la tensión entre mi deseo de glorificar a Dios y mi deseo de ser satisfecho.

Así nació lo que yo denomino "el hedonismo cristiano", la forma como he tratado de vivir mi vida en los últimos cincuenta años. Lo he condensado en un lema: *Dios se magnifica más en nosotros cuanto más nos satisfacemos en Él.* Si has seguido mi razonamiento hasta ahora, podrás ver que esta conclusión no salió de la nada. Es fruto de la lógica de este gran apóstol. En esencia, la lógica en Filipenses 1:20-23 dice: *Cristo se magnifica más en mí cuanto más me satisfago en Él, especialmente por medio del sufrimiento y la muerte.* A esto me refiero cuando hablo de hedonismo cristiano.

¡Y qué gran alivio fue aquello! Resolvió la tensión en mi corazón. Entendí que la pasión para que Dios sea glorificado y mi pasión por ser satisfecho *no* eran alternativas que se excluían mutuamente. Pablo dijo que Cristo es magnificado no *en lugar de* mi satisfacción en Él, sino *por medio de* mi satisfacción en Él. ¿Lo comprendes? No *en lugar de*, sino *por medio de*. Esto lo cambió todo.

Mi satisfacción en Cristo por encima de este mundo, incluso al extremo del sufrimiento y la muerte, es lo que magnifica a Cristo, lo que le hace ver como quien todo lo satisface. Por consiguiente, mi búsqueda de la satisfacción, mi búsqueda de la felicidad, no solo es permitida, sino que es imperativa, porque glorificar a Cristo es imperativo. Y no puedes glorificar a Dios en tu corazón si en tu corazón Dios no resulta más satisfactorio que todo lo demás.

Casi demasiado bueno para ser verdad

Esto era demasiado bueno para ser verdad. No solo yo *puedo*, sino que *debo*, buscar la felicidad en Dios. Empecé a ver esto por todas partes en la Biblia. Fue un mandamiento: "Deléitate asimismo en Jehová" (Sal. 37:4). "Alegraos en Jehová" (Sal. 32:11). "Gozaos en el Señor" (Fil. 3:1). Si dejamos de buscar este gozo en Dios, lo traicionamos. Contradecimos su valor.

No es noble buscar a Dios sin deseo alguno de deleitarse en Él. Eso es un insulto. Como si tuviéramos que decir: "Dios, tú eres más precioso que el oro, pero yo no quiero valorarte". O: "Dios, tú eres más dulce que la miel, pero no quiero saborearte". O: "Tú eres la fuente de vida y un torrente de deleites, pero yo no quiero estar satisfecho en ti".

¡No! Esto puede sonar a negación de sí mismo. Pero no es la negación de sí mismo a la que nos llamó Cristo. Eso es la negación de Dios. La negación de sí mismo que Cristo pide es negarnos a nosotros mismos los placeres momentáneos y baratos del pecado, a fin de que podamos gozar para siempre los placeres plenos en Dios. Esta es la razón que presenta Cristo para la negación de sí mismo: "todo el que quiera salvar su vida, la perderá; y todo el que pierda su vida por causa de mí y del evangelio, la salvará" (Mr. 8:35). ¡Salvarla! ¿Para qué? Para esto: "En tu presencia hay plenitud de gozo; delicias a tu diestra para siempre" (Sal. 16:11) Mi tensión quedó resuelta. Mi búsqueda terminó. Y fue el asombroso apóstol Pablo quien me condujo al mayor descubrimiento de mi vida. Tal vez tú puedas empezar a sentir el afecto que tengo por él. Nadie en mi vida, aparte de Jesús mismo, me ha conducido a los tesoros de verdad transformadora como este hombre.

7

El amor por las personas como la sobreabundancia del gozo en Dios

Pablo me liberó del temor que tenía de minimizar el valor de Dios o de las personas mediante la búsqueda de mi propio gozo en hacer el bien a otros. Él me mostró lo que es realmente el amor.

Cuando Pablo me mostró que glorificar a Dios y satisfacer mi alma no estaban en conflicto, para mí fue un descubrimiento emocionante. Pablo reveló, con mayor claridad que cualquier otro escritor de la Biblia, la verdad según la cual Dios se glorifica más en mí cuanto más me satisfago yo en Él. Esto es lo que relaté en el capítulo 6.

Sin embargo, existe un segundo capítulo de este relato que destaca aún más mi gratitud hacia Pablo. Le debo a él, más que a cualquier otra persona, otro descubrimiento crucial que transformó mi vida. Si el primer descubrimiento fue cómo resolver la tensión entre el deseo de glorificar a Dios y el deseo de ser feliz, el segundo descubrimiento fue cómo resolver la tensión entre el deseo de estar feliz en Dios y el deseo de amar a otras personas.

Otra tensión sin resolver

¿Se puede realmente amar a las personas si, en el acto mismo de hacerles bien, se busca satisfacer el propio gozo? Después de todo, fue Pablo mismo quien dijo, "el amor… no busca lo suyo" (1 Co. 13:4-5). Y en otro pasaje dijo: "Ninguno busque su propio bien, sino el del otro" (1 Co. 10:24). Y también: "los que somos fuertes debemos soportar las flaquezas de los débiles, y no agradarnos a nosotros mismos" (Ro. 15:1). Entonces, ¿cómo puedes afirmar que amas a las personas si en el acto mismo de amarlas buscas tu propio gozo?

Me parecía esta pregunta tan apremiante como la primera acerca de cómo glorificar a Dios en tanto que busco mi propio gozo. Jesús había dicho que el "primer y gran" mandamiento es amar a Dios. Pero también dijo que el mandamiento de amar a nuestro prójimo es "semejante" (Mt. 22:39). De modo que la pregunta acerca de cómo amar a las personas con un corazón que no renuncia al anhelo de feliz, más aún, uno que *no se atreve* a renunciar al anhelo de ser feliz, para que no sea Dios deshonrado por mi incapacidad de ser feliz en Él, era una pregunta tan apremiante como cualquier otra.

Así pues, ¿cómo se relaciona la búsqueda de Dios con el amor hacia las otras personas? Pablo me mostró que el gozo verdadero en Dios que despierta el Espíritu no estorba el amor al prójimo, sino que de hecho *sobreabunda* en amor por los demás. Tiene un impulso natural de expandirse. El gozo en Dios crece conforme se extiende a las vidas de otras personas para que puedan ser partícipes de él.

Una vez más, Pablo señala el camino

Pablo nos presenta la ilustración más explícita de esto en el Nuevo Testamento. Se encuentra en 2 Corintios 8:1-2, donde Pablo busca motivar el amor en los corintios tomando como ejemplo a los cristianos macedonios y la manera asombrosa en que demostraron su amor.

> Asimismo, hermanos, os hacemos saber la gracia de Dios que se ha dado a las iglesias de Macedonia; que en grande prueba de tribulación, *la abundancia de su gozo* y su profunda

> pobreza *abundaron en riquezas de su generosidad*... No hablo como quien manda, sino para poner a prueba, por medio de la diligencia de otros, *también* la sinceridad *del amor* vuestro (2 Co. 8:1-2, 8).

Observa cuidadosamente que la "abundancia de gozo" en los corazones de los macedonios no obedecía a la comodidad de sus circunstancias. Ellos estaban en "profunda pobreza" y en "grande prueba de tribulación". Su abundancia de gozo se debía a la "gracia de Dios que se ha dado" (v. 1). Sus pecados eran perdonados. La ira de Dios había sido reemplazada por la sonrisa divina del favor eterno. La culpa había desaparecido. El infierno estaba clausurado. El cielo estaba abierto. El Espíritu moraba en ellos. La esperanza había estallado en sus corazones. Todo esto gracias a Cristo, cuando ellos no lo merecían. La gracia de Dios había sido dada (v. 1).

Esta "abundancia de gozo" se convirtió en una fuente de amor para las personas. No podía ser más claro: "la abundancia de su gozo... abundaron en riquezas de su generosidad" (v. 2). Esto era amor. Así lo denominó en el versículo 8: "la sinceridad del *amor* vuestro" (v. 8). De manera que la definición de Pablo de un amor genuino que glorifica a Dios sería esta: *Amor es la sobreabundancia de gozo en Dios que suple las necesidades de otros.*

La búsqueda de la felicidad en Dios en aras del amor al prójimo

Esto es más profundo de lo que parece a simple vista. Pablo no está diciendo: "La verdadera felicidad requiere el amor por las personas". Eso es verdad. Una persona que no ama, a la larga será infeliz. Pero esta es una simplificación excesiva que pasa por alto el punto principal. El punto no es que para experimentar el placer más verdadero debamos amar a los demás. Antes bien, el punto es que cuando el gozo en Dios sobreabunda en las vidas de otros en forma de generosidad, esa sobreabundancia de gozo *es* amor. O, dicho de otra manera, no buscamos simplemente amar con el propósito de ser felices, sino que buscamos ser felices en

Dios con el propósito de amar. Fue su "abundancia de gozo" lo que desbordó en amor (v. 2).

Este pensamiento me pareció tan radical que quise examinarlo yo mismo probándolo en el resto de las Escrituras. ¿Es cierto que mi gozo está íntimamente conectado a mi amor por las personas? Lo que encontré fue una serie de mandamientos bíblicos como:

- *amar* misericordia, no solo *hacerla* (Mi. 6:8);
- hacer misericordia *con alegría* (Ro. 12:8);
- sufrir *con gozo* en el servicio de los presos (He. 10:34);
- ser un dador *alegre* (2 Co. 9:7);
- que *nuestro gozo* sea el gozo de otros (2 Co. 2:3);
- apacentar la grey de Dios voluntariamente y *con ánimo pronto* (1 P. 5:2); y
- velar por las almas *con alegría* (He. 13:17).

Para mí, esto es asombroso. No se trata aquí de algo marginal ni de una fórmula ingeniosa. Es una realidad que penetra el alma y que transforma la vida de manera radical: La búsqueda del amor sincero por las personas incluye la búsqueda del gozo, porque el gozo en Dios es un componente esencial del amor verdadero. Esto es completamente diferente a decir: "Amémonos todos porque esto nos hará felices". Más bien: "Procuremos estar tan llenos de gozo en Dios que esto sobreabunde en amor que se sacrifica por otros".

El amor perdura porque el gozo perdura en medio del sufrimiento

Puede que *sacrificar* suene paradójico. Si sobreabundamos en gozo que se proyecta a otros, y nuestro gozo se expande al hacer a otros partícipes de él, ¿por qué hablar entonces de sacrificio? La razón es que el camino al mayor gozo en esta vida es a menudo un camino de gran sufrimiento. En la era venidera, después del regreso de Jesús, todo sufrimiento terminará. Pero no todavía. En esta vida, el amor requiere con frecuencia sufrimiento. De hecho, puede exigir la entrega de nuestra propia vida. No obstante, Pablo es nuestro ejemplo cuando dice: "me *gozo* en lo que padezco por vosotros" (Col. 1:24). "Sobreabundo de *gozo* en todas nuestras tribulaciones" (2 Co. 7:4). "Nos *gloriamos* en las tribulaciones" (Ro. 5:3).

Existen razones por las cuales este tipo de gozo extraño y maravilloso sobreviva e incluso prospere en la aflicción. Una razón es que Jesús nos enseñó: "Más bienaventurado es dar que recibir" (Hch. 20:35). Abundar para con otros resulta enriquecedor para nosotros. Otra razón es que aunque "matarán a algunos de vosotros", al final, "ni un cabello de vuestra cabeza perecerá" (Lc. 21:16, 18). Jesús había dicho: "Y todo aquel que vive y cree en mí, no morirá eternamente" (Jn. 11:26). El mundo cree que morimos. Pero Jesús nos recibe de inmediato en sus manos, de modo que no hay ruptura de vida. Una tercera razón es la promesa de que "vuestro galardón es grande en los cielos" (Mt. 5:12). Por último, el mayor acto de amor que haya tenido lugar jamás fue sustentado por el gozo en Dios: "[con] los ojos en Jesús... el cual por el gozo puesto delante de él sufrió la cruz" (He. 12:2).

Por este motivo, durante mis treinta y tres años como pastor, el pasaje emblemático al que echamos mano constantemente fue 2 Corintios 6:10: "como entristecidos, mas siempre gozosos". Siempre. Regocijarnos *al mismo tiempo* que nos entristecemos. No solo en orden secuencial. También simultáneamente. Amar a otros no tiene que esperar a que termine la aflicción, porque el gozo no espera.

Asimismo, durante esos treinta y tres años, la canción emblemática que el equipo pastoral cantaba una y otra vez fue "Estoy bien con mi Dios":

> De paz inundada mi senda ya esté
> o cúbrala un mar de aflicción,
> mi suerte cualquiera que sea, diré:
> "¡Estoy bien, estoy bien, con mi Dios!".

El amor verdadero hace muchos sacrificios por el ser amado. Hay mucho dolor y muchas aflicciones. Pero en Cristo no hay sacrificio *final*. Claro está, Jesús nos llama a negarnos a nosotros mismos. Pero su argumento para la negación de sí mismo (como lo vimos en el capítulo 6) es que "todo el que pierda su vida por causa de mí y del evangelio, *la salvará*" (Mr. 8:35). Al otro lado de la negación de sí mismo, e incluso de la muerte, se encuentra el gozo eterno en la presencia de Dios.

Las personas no perciben como amor la generosidad a regañadientes

Nunca he conocido a alguien que se ofenda porque los sacrificios que hagamos por su bien nos procuren gozo. De hecho, el "amor" que solo se entrega por deber o, peor aún, el "amor" a regañadientes, no hace sentir amadas a las personas. Por ende, estoy seguro de que Pablo estaría de acuerdo con el autor de Hebreos cuando dice a sus oyentes que velen por ellos "*con alegría*, y no quejándose, porque esto no os es provechoso" (He. 13:17). El ministerio a regañadientes *no aprovecha* a las personas. O, dicho en términos positivos, encontrar gozo en el cuidado de las personas es de gran provecho para las personas. Es amor.

Esta es seguramente la razón por la cual Pablo dijo a los corintios: "confiando en vosotros todos que mi gozo es el de todos vosotros" (2 Co. 2:3). ¡Sí! Si tú vienes a mí y quieres que yo experimente gozo, es decir, si quieres amarme, ven con gozo. Y el mejor gozo que existe es el gozo en Dios. Tráemelo. Sobreabunda en mi vida con él. Así me sentiré amado. Y tú dichoso.

De esta manera, Pablo lo logra de nuevo. No solo me mostró cómo mi búsqueda de Dios y mi búsqueda de la felicidad encajan perfectamente (capítulo 6), sino que también me muestra cómo ese deseo insaciable de felicidad coincide con el amor por las personas. *El amor verdadero que se sacrifica, que exalta a Cristo y que es motivado por el Espíritu, es la sobreabundancia de gozo en Dios que se expande supliendo las necesidades de otros.* ¿Cómo puedo no amar al hombre que, después del Señor Jesús, me mostró con mayor claridad que cualquier otro, la belleza de esa clase de vida?

8

De la fanática arrogancia étnica al anuncio de la más profunda reconciliación

Aunque era un "hebreo de hebreos" con un pedigrí religioso y étnico intachable como judío y como fariseo, Pablo trabajó incansablemente por la reconciliación y la unidad entre los cristianos de diferentes clases y trasfondos étnicos.

No siempre amé al apóstol Pablo por su obra de reconciliación. En mi pasado hay años que me avergüenzan, años de racismo en los cuales estaba tan esclavizado a mi cultura sureña en los años 50 y 60, que fui incapaz de ver lo que saltaba a la vista en las páginas de las cartas de Pablo. No lo digo para restarle importancia a mi culpa, si bien podría de alguna manera responsabilizar la cultura por mi ceguera. Yo fui cómplice más que dispuesto de la monstruosidad racial de aquellos días. He relatado la historia completa en *Bloodlines: Race, Cross, and the Christian*.[1]

Pablo, mi liberador

Hubo, no obstante, un tiempo en el cual las escamas empezaron a caer. (Digo *empezaron* para no sugerir aún la ausencia total de

---

1. John Piper, *Bloodlines: Race, Cross, and the Christian* (Wheaton, IL: Crossway, 2011).

ceguera). Por supuesto que la obra no fue de un simple hombre. "Desde el principio no se ha oído decir que alguno abriese los ojos a uno que nació ciego" (Jn. 9:32). No. Fue una obra soberana de la gracia de Jesús por medio de su Espíritu. Sin embargo, como siempre, Él usó un agente humano. Usó palabras humanas. De hecho, usó al apóstol Pablo.

Pablo fue de gran ayuda para mí porque durante un tiempo él abrigó tantos prejuicios contra los gentiles como yo contra los afrodescendientes. Pablo se autodenominó un "hebreo de hebreos" (Fil. 3:5). Consideró que su pedigrí étnico y religioso, con el celo de un perseguidor y la condición irreprensible de un fariseo (Fil. 3:6), no tenía igual en su generación (Gá. 1:14). Habría dicho como el apóstol Pedro, su colega judío: "Vosotros sabéis cuán abominable es para un varón judío juntarse o acercarse a un extranjero" (Hch. 10:28).

Pero algo sucedió. Fue a la vez desolador y liberador. Destruyó todo motivo de jactancia que tenía Pablo. Y lo liberó para experimentar una nueva humanidad que no se define por la raza, la etnicidad ni las costumbres culturales. Pablo consideró todo el orgullo y el mérito que había alcanzado por medio de características étnicas y religiosas, y las llamó *excremento* comparadas con Cristo.

> Pero cuanta ganancia tuve, la he estimado como pérdida por amor de Cristo. Ciertamente, estimo todas las cosas como pérdida por la excelencia del conocimiento de Cristo Jesús mi Señor. Por amor de Él he sufrido la pérdida de todo, y lo considero excremento, a fin de poder ganar a Cristo (Fil. 3:7-8, traducción mía).

Penetrar hasta la revolución de la cruz

Por la gracia de Dios que ilumina, Pablo logró penetrar los logros étnicos de la cruz de Cristo. Esto fue lo que sucedió cuando Cristo murió:

> Pero ahora en Cristo Jesús, vosotros [los gentiles] que en otro tiempo estabais lejos, habéis sido hechos cercanos *por la san-*

> *gre de Cristo*. Porque él es nuestra paz, que *de ambos pueblos hizo uno* [judío y gentil], derribando la pared intermedia de separación, aboliendo *en su carne* las enemistades, la ley de los mandamientos expresados en ordenanzas, para *crear en sí mismo de los dos un solo y nuevo hombre*, haciendo la paz, y *mediante la cruz reconciliar con Dios a ambos en un solo cuerpo*, matando en ella las enemistades... porque por medio de él *los unos y los otros tenemos entrada por un mismo Espíritu al Padre* (Ef. 2:13-18).

"Por la sangre de Cristo... aboliendo en su carne las enemistades... para crear en sí mismo de los dos un solo y nuevo hombre... reconciliar con Dios a ambos... los unos y los otros tenemos entrada por un mismo Espíritu al Padre". Estas son palabras revolucionarias. En Ruanda, en Camboya, en Irán, en India o en Carolina de Sur.

Y no son primordialmente palabras políticas, palabras de justicia social ni palabras de derechos civiles, sino palabras del evangelio. Son palabras compradas con sangre que exaltan a Cristo y abren los cielos. Son el fruto triunfante de la muerte del Hijo de Dios. Amar la cruenta cruz es amar el fruto de la cruz. Cristo murió para crear un "nuevo hombre". Cristo murió para derribar "la pared intermedia de separación". Cristo murió para "ser nuestra paz". Cristo murió para que *no* existan múltiples accesos segregados al Padre, sino que "los unos y los otros [aquí puedes nombrar a tu rival étnico] tenemos entrada por un mismo Espíritu al Padre".

No es primeramente para el mundo, sino para la Iglesia

Y todo esto es "en Cristo". En Cristo hemos sido hechos cercanos. Este no es un mandato primeramente para la cultura secular. Es un mandato primeramente para cristianos, aquellos que están *en Cristo*, un mandato acerca de cómo relacionarnos entre nosotros. Así es como debe ser en la iglesia. Los exiliados y los extranjeros no son responsables de hacer que los incrédulos actúen como creyentes. Pero ¡cuán responsables somos de amar lo que Cristo murió para salvar, y de actuar como creyentes!

Pablo dice en Colosenses 3:11 que "en Cristo", en la iglesia, "no hay griego ni judío, circuncisión ni incircuncisión, bárbaro ni escita, siervo ni libre, sino que Cristo es el todo, y en todos". Porque Cristo es *digno* de todo, y está *en* todo, y las diferencias raciales y étnicas no deberían generar más hostilidad, sospecha, desconfianza, irrespeto, menosprecio, ni palabras, pensamientos y acciones despectivos.

Pablo nos permite vislumbrar su propia transformación personal de ser un completo fanfarrón respecto a su etnicidad judía, a ser un hombre nuevo en Cristo. Observa atentamente lo que dice acerca de su propia adaptabilidad:

> Por lo cual, siendo libre de todos, me he hecho siervo de todos para ganar a mayor número. Me he hecho a los judíos como judío, para ganar a los judíos... a los que están sin ley, como si yo estuviera sin ley (no estando yo sin ley de Dios, sino bajo la ley de Cristo), para ganar a los que están sin ley... Y esto hago por causa del evangelio, para hacerme copartícipe de él (1 Co. 9:19-23).

Cristianos: nueva raza, nueva etnicidad

He aquí el aspecto más sorprendente y extraño acerca de estas palabras. Aunque Pablo era étnicamente judío, dijo "me he hecho a los judíos como judío". ¿Qué significa esto? ¿Cómo puede un judío hacerse judío? ¿Significa que había cambiado de etnicidad y ahora era un gentil al margen de la ley, de tal modo que a veces podía "hacerse" judío? No. Porque Pablo también dijo: "a los que están sujetos a la ley (aunque yo no esté sujeto a la ley) como sujeto a la ley". Entonces, ¿quién era él?

Él era un cristiano. Era una nueva criatura en Cristo, un nuevo tipo de ser humano. "Si alguno está en Cristo, nueva criatura es; las cosas viejas pasaron; he aquí todas son hechas nuevas" (2 Co. 5:17). El llamado de esta clase de persona, de esta nueva creación, es el siguiente: "vestíos del nuevo hombre, creado según Dios en la justicia y santidad de la verdad" (Ef. 4:24). Cristo murió "para crear en sí mismo de los dos *un solo y nuevo hombre*" (Ef. 2:15).

Cuanto más se piensa en estas palabras en un mundo como el nuestro, es decir, en un mundo globalizado, más asombrosas, radicales y revolucionarias se vuelven. Casi cada país y cada región de nuestro planeta está dividido por conflictos raciales y étnicos, o sufre violencia flagrante. Es un problema contemporáneo global, y en muchos lugares ha alcanzado vastas y mortíferas proporciones.

Sin Pablo yo no sería quien soy

Ningún seguidor de Jesús ha pronunciado declaraciones más importantes o explosivas acerca de la raza y la etnicidad como el apóstol Pablo. Este hombre hizo estallar mi mundo. Y yo lo amo por eso. Tiemblo al pensar qué habría sucedido de haber seguido separado del llamado radical de Pablo a una nueva humanidad en Cristo. No habría predicado como predico. No habría vivido donde vivo. No tendría los amigos que tengo. No habría escrito los libros que he escrito. No tendría la mismas esperanzas que abrigo para la iglesia y para el cielo. No tendría una hija afrodescendiente. Estaría empobrecido espiritualmente y en mis relaciones.

A veces siento que apenas he empezado a vislumbrar las glorias de Cristo en la cruz y lo que Dios logró por medio de ella. Pero he visto algo. He degustado lo suficiente la intención gloriosa de Dios en la era venidera para tener una idea de cómo podría verse aquí. He aquí un cuadro del futuro que compró la sangre de Cristo:

> Digno eres [Señor Jesús] de tomar el libro
> y de abrir sus sellos;
> porque tú fuiste inmolado, y *con tu sangre* nos has redimido
> para Dios,
> *de todo linaje y lengua y pueblo y nación*;
> y nos has hecho para nuestro Dios *reyes* y *sacerdotes*,
> y *reinaremos* sobre la tierra (Ap. 5:9-10).

Gente de toda etnia, redimida por la sangre de Jesús. ¿Para qué? Para que podamos ser sacerdotes sirviendo al Señor juntos en un templo, reinando juntamente en un reino con Cristo. Sin hostilidad, sin tensiones, sin desconfianza, sin falta de respeto, sin pensamientos despectivos o de menosprecio. Solo amor perfecto, paz y justicia. Amo ese cuadro. Y amo al apóstol que lo pintó para mí.

9

Mi amigo con las mejores noticias durante el cáncer

> Cuando el médico me dijo que había una anomalía y que quería realizar una biopsia, el Señor Jesús usó las palabras de Pablo para sostenerme en esos minutos y en los meses subsiguientes: "No te ha puesto Dios para ira".

Dos horas antes de escribir esta frase, recibí una llamada telefónica de un amigo cuyo hijo adulto acababa de recibir la noticia de su médico de que, a pesar de todos los esfuerzos del equipo profesional y aparte de un milagro, su cáncer sería fatal. Para mi amigo sería el segundo hijo que perdía por causa del cáncer. Menciono esto porque soy dolorosamente consciente de que no todo el mundo recibe una remisión diagnóstica del cáncer como yo, al menos hasta ahora.

Hay varias ironías que rodean mi experiencia personal con el cáncer. Mi biopsia de cáncer prostático tuvo lugar el día de nuestro aniversario número treinta y siete, y la cirugía para extirpar la glándula cancerosa fue realizada el día de San Valentín. Está bien que esto te haga sonreír, aunque el cáncer nada tenga de gracioso.

Un examen de rutina y todo cambia

A fin de mostrarte el papel que jugó el apóstol Pablo en esto, permíteme explicar el contexto. Era un examen de rutina con mi urólogo, después de años de tratar los efectos problemáticos de una próstata dilatada. Tenía sesenta años y, según creía, gozaba de buena salud. Resulta extraño, digo yo, cómo presumimos gozar de buena salud cuando, en realidad, no tenemos ni idea de lo que está creciendo en el interior de nuestro cuerpo.

Ahora, cuando la gente me pregunta: "¿Cómo va tu salud?", yo nunca respondo: "Bien", como solía hacer antes. Digo: "Me *siento* bien". Esto, traducido, significa: "No sé cómo estoy. Solo Dios sabe. Por lo que sé, podría tener un cáncer fatal o un aneurisma en la aorta que estalle mañana, o un coágulo en mi pierna que se traslade hoy y provoque un derrame fatal mientras duermo".

Esto fue lo que cambió ese simple hábito de responder "bien". Mi examen de rutina había terminado. Sin embargo, el médico dijo: "Detecté alguna anomalía. Me gustaría hacer una biopsia". Hubo una pausa. Yo dije: "Muy bien, si usted lo recomienda. ¿Cuándo?". Él respondió: "Ahora mismo, si tiene tiempo". Hubo otra pausa, mientras yo asimilaba lo que sucedía. "Claro".

Él me llevó a otro consultorio, me señaló que debía ponerme la bata que colgaba del gancho, y me dijo que regresaría en unos minutos con la máquina para la biopsia. Salió y me dejó solo.

El regalo tan oportuno de Pablo

En ese momento uno recuerda a sus mejores amigos, aquellos con quienes pasas la mayor parte del tiempo y que te dicen lo que más necesitas oír justo cuando necesitas oírlo. Pues bien, yo había pasado bastante tiempo aquella mañana temprano con mi amigo el apóstol Pablo. De hecho, me habían gustado tanto sus palabras aquella mañana que había memorizado un par de versículos.

Y allí sentado en el consultorio con mis piernas colgando y vestido con mi bata de hospital con la gran apertura en la espalda, a la espera de algo desconocido, las palabras de Pablo volvieron a mí.

> Porque no nos ha puesto Dios para ira, sino para alcanzar salvación por medio de nuestro Señor Jesucristo, quien murió

> por nosotros para que ya sea que velemos, o que durmamos, vivamos juntamente con él (1 Ts. 5:9-10).

Este fue un regalo precioso para mí. Llegó en el momento perfecto. Se expresó de manera perfecta. Aquella mañana, *Pablo* había pronunciado las palabras. Pero *Dios* había dispuesto para mí que las leyera durante mi tiempo devocional. *Dios* había puesto en mi corazón que las aprendiera de memoria. *Dios* las había traído a mi mente en el consultorio. Y *Dios* me había dado la fe para abrazarlas como el regalo más bello que podía darme en ese momento. Sí, más hermoso aún que las palabras "serás sanado".

Ninguna célula rebelde escapa al control divino

Sin embargo, Pablo fue su instrumento. Su portavoz. Su emisario para mi necesidad. Yo reconocí la voz de Dios porque reconocí la voz de su embajador. Era el Pablo de antaño. Estas son las noticias a medida que me comunicó.

Primero me dijo: "Lo que estás a punto de experimentar, sea o no cáncer, ¡*no* es ira! Si tienes cáncer, *no* se debe a un castigo de Dios".

A fin de sentir plenamente la fuerza de esto, es preciso que comprendas que yo comparto la convicción inquebrantable de Pablo de que Dios tiene el control absoluto sobre el cáncer. Pablo dijo: "Porque de él, y por él, y para él, son todas las cosas. A él sea la gloria por los siglos. Amén" (Ro. 11:36). Él dijo: "[Él] hace todas las cosas según el designio de su voluntad" (Ef. 1:11).

Así que cuando Pablo me dijo "*no* es la ira de Dios", él no quiso decir: "Si tienes cáncer, no es de Dios". No. No. Si tengo cáncer (que así fue), se debe con toda seguridad a los propósitos supremos de Dios. Dios controla cada molécula en el universo. ¡Él es Dios! Ninguna célula rebelde está fuera de su control.

Lo que Pablo quiso decir con que "*no* es la ira de Dios" es que, ya sea que hubiera o no cáncer, "Dios *no* te está castigando". Esto no es un castigo. Dios tiene sus propósitos, pero estos no incluyen el castigo por mi pecado. Sus propósitos son solo misericordia. Son todo amor. ¿Cómo lo sé? Pablo responde esa pregunta. Volveré a esto en el cuarto punto que sigue.

Mejor que no morir

Segundo, Pablo me comunicó, mientras esperaba al médico, el lado positivo de "esto *no* es ira". Él dijo: "no [te] ha puesto Dios para ira, sino *para alcanzar salvación*".

Este cáncer no es ira. Es el camino a la salvación. La salvación es la contraparte positiva de la no ira. ¿Quiso decir Pablo "el resultado de la biopsia descartará el cáncer, vas a *salvarte* de tener cáncer"? No. Eso no es lo que quiso decir.

No hay duda al respecto. Pablo dijo, en efecto, que yo podía morir del cáncer que estaban a punto de detectar. Entonces, ¿en qué consiste la salvación de la que habla? Él va a explicarlo.

Tercero, Pablo me dijo que Dios no garantiza que voy a escapar de la muerte que puede causar este cáncer.

Él dijo que yo me salvaría "ya sea que [vele] o que [duerma]". Esto quiere decir "ya sea que viva o que muera". Pablo llamó a la muerte *sueño* no porque después de la muerte no exista una comunión consciente con Jesús (Fil. 1:23), sino porque el cuerpo de un cristiano muerto parece estar dormido, y porque el cuerpo será resucitado de los muertos (como del sueño) en el día final (1 Co. 15:20).

Tal vez pienses que este es un consuelo mínimo, el hecho de que no me hayan dicho que iba a sobrevivir a este cáncer. Pero no fue así como funcionó. Lo que yo necesitaba en ese momento era un consuelo mucho más sólido, duradero y firme que unos cuantos años más de vida después de un cáncer. Yo necesitaba lo que recibí: "Esto no es ira. Estás destinado para la salvación. Y esto es cierto, absolutamente cierto, ¡ya sea que vivas o mueras!".

Primeramente, Cristo murió por nuestros pecados

Cuarto, Pablo dio la maravillosa respuesta a la pregunta: "¿Cómo sabes que este cáncer no es el castigo de Dios por tus pecados?". Su respuesta es: Porque Cristo ya murió por mis pecados. Con cáncer o sin cáncer, en muerte o en vida, Pablo me dijo que yo iba a "alcanzar salvación *por medio de nuestro Señor Jesucristo, quien murió por [mí]*".

En momentos así comprendemos por qué Pablo dijo: "*Primeramente* os he enseñado... Que Cristo murió por nuestros pecados, conforme a las Escrituras; y que fue sepultado, y que resucitó al tercer día, conforme a las Escrituras" (1 Co. 15:3-4). "Primeramente" declaró que "Cristo murió por nuestros pecados". ¿Por qué?

Porque si Él murió por nuestros pecados, nosotros no moriremos por ellos. Eso sería doble incriminación. Esa fue la razón por la cual vino, para que Jesús llevara mi condenación bajo la ira de Dios, muriendo en la cruz (Jn. 3:36; Ro. 8:3). La persona que está unida a Cristo por la fe en Él "no vendrá a condenación, mas ha pasado de muerte a vida" (Jn. 5:24).

Por eso Pablo dijo: "Ahora, pues, ninguna condenación hay para los que están en Cristo Jesús" (Ro. 8:1). Ninguna condenación, porque Cristo llevó la condenación. Ninguna ira, porque Cristo llevó la ira. Por eso Pablo me dijo de manera tan clara y gozosa, cuando yo esperaba la biopsia: "Este cáncer *no* es ira".

El regalo de Pablo fue la promesa de una Persona

El último detalle que Pablo me dio a entender fue muy personal, en concreto, a qué se refería exactamente con *salvación*. "No [te] ha puesto Dios para ira, sino para alcanzar salvación por medio de nuestro Señor Jesucristo, quien murió por [ti] para que ya sea que [veles], o que [duermas], [*vivas*] *juntamente con él*".

Ya sea que vivas o mueras, vivirás. Pero no simplemente vivir en algún tipo de inmortalidad difusa no especificada, sino muy específica, "vivirás *juntamente con Él*", Aquel que murió por ti y resucitó. Esto encierra al menos dos grandes significados. Uno es que yo viviré *para siempre*, puesto que Aquel con quien vivo es inmortal. "Cristo, habiendo resucitado de los muertos, ya no muere" (Ro. 6:9). El otro es que voy a vivir con Aquel que me amó tanto que murió por mí. Esta es una promesa muy personal y satisfactoria.

El médico me llamó al día siguiente y dijo: "Tiene cáncer. Me gustaría reunirme con usted y con su esposa cuando puedan venir y hablar acerca de las opciones disponibles para su caso". Nosotros escogimos la opción más radical: extirparlo. Eso se realizó siete semanas después, el día de San Valentín. Eso fue hace doce años. ¿Cómo sigo? Yo me siento bien.

Una sorpresa más de la lógica de Pablo: un yelmo

Pablo me tenía una sorpresa más. Solo más adelante me di cuenta del hecho de que sus palabras para mí empezaban con un *porque*.

> *Porque* no [te] ha puesto Dios para ira, sino para alcanzar salvación por medio de nuestro Señor Jesucristo, quien murió por [ti] para que ya sea que [veles], o que [duermas], [vivas] juntamente con él (1 Ts. 5:9-10).

Esto significa que la promesa que Él me dio era el fundamento o la base para lo que acababa de decir. Esto es, "con la esperanza de salvación como yelmo" (v. 8). En otras palabras, la promesa que me dio Pablo esa mañana era la base de mi esperanza, y esa esperanza era como un yelmo.

Esto simplemente añadió una nueva capa de entendimiento y de gratitud por lo que Pablo y el Señor Jesús habían hecho por mí ese día en el consultorio del urólogo. Piensa en lo que esto significa. ¿Para qué sirven los yelmos? Para protegerse en una batalla mortal. Un golpe en la cabeza con una maza o una porra puede destrozar tu cráneo y matarte. Lo mismo puede suceder con la noticia de un cáncer.

Sin que yo pensara siquiera en esos términos, el Señor Jesús tomó la promesa en 1 Tesalonicenses 5:9-10 y la puso en mi cabeza como un yelmo. Con ese yelmo me protegió primero del golpe que significaba la biopsia y luego del golpe del cáncer. Dios cubrió mi cabeza con la promesa de que estos golpes no eran ira. Él puso el yelmo de la esperanza a la perfección, sin que a mí se me ocurriera siquiera pensar en yelmos. Yo nada más pensé: *Esto no es ira, y si yo vivo, vivo con Cristo, y si muero, también vivo con Cristo*. Con esto, Él cubrió mi cabeza.

Pablo no es el único autor bíblico que ha cubierto mi cabeza con promesas en la hora de prueba. Sin embargo, esta fue una prueba memorable e intensa. Cuando pasas por ese tipo de prueba con un amigo semejante, Dios establece un vínculo especial de amor.

10

Aprender tardíamente a conocer y hacer morir mis mayores pecados

> Después de Cristo, nadie me ha aleccionado, diagnosticado, expuesto, enseñado y facultado más para combatir contra mis peores pecados como lo ha hecho Pablo. Creo que a él le debo el haber sobrevivido y prosperado en mi ministerio y en mi matrimonio.

Cuando tenía sesenta y cuatro años, tomé una licencia de mi ministerio pastoral. La razón principal que presenté a los líderes de la iglesia y a la congregación fue que deseaba hacer una pausa y examinar mi alma.

Me preguntaba si las presiones del ministerio podrían estar cegándome a la condición de mi propia alma en lo concerniente a la adoración, la familia, el matrimonio y la santidad personal. No existía una crisis matrimonial en ese momento. Yo no vivía en algún pecado que me descalificara para ministrar, al menos de lo que yo supiera. Sin embargo, el estrés familiar, matrimonial y ministerial era suficiente para hacerme pensar que debía retirarme por un tiempo de las presiones (y las recompensas) de la predicación, del liderazgo del equipo, de toda actividad de escritura y de mi participación en las redes sociales.

Durante esos ocho meses, mi esposa y yo asistimos a otra iglesia y nos limitamos únicamente a participar de la adoración junto con la congregación. Parte de mi objetivo era examinar mi alma y determinar si yo podía participar de manera genuina y gozosa en la adoración pública sin ser un líder o predicador. Quería asegurarme de que no confundía la descarga de adrenalina del liderazgo y la predicación con el gozo personal y auténtico en Jesús en compañía de otros creyentes.

Con la mira en pecados grandes

El otro objetivo era tener el tiempo y la energía emocional, y estar en tal comunión con mi esposa, que pudiera examinarme de la manera más profunda posible para identificar y tratar mis pecados más grandes, especialmente en lo tocante a nuestra relación.

Durante esos ocho meses nadie caminó a mi lado ni fue de más ayuda aparte del apóstol Pablo. No digo esto para minimizar la gracia de los ancianos supervisores o la paciencia y compromiso de mi esposa. Lo digo para rendir homenaje a la gran misericordia que recibí del Señor Jesús mediante la revelación de la verdad vital para luchar contra el pecado que recibí del apóstol Pablo.

Como siempre, Pablo no fue el único portavoz bíblico que caminó a mi lado. Pero fue indudablemente el más inquisitivo y el más poderoso. Esto es cierto en lo que respecta al diagnóstico y al tratamiento de mis pecados más graves. Lo que sigue es un resumen escueto de lo que sucedió.

Los pecados por nombre

Mientras intentaba ser muy específico en identificar mis pecados característicos, se hizo evidente lo que eran, específicamente, un conjunto de egoísmo, ira, autocompasión, prontitud para echar culpas y apatía. Si te preguntas si al no mencionar el sexo intento ocultar alguna lucha que experimento con la lujuria, lo que puedo decir es que la medida de victoria que he disfrutado (y que aún disfruto) sobre ese pecado, supera en gran manera la que he vivido con esta destructiva multitud de pecados. Y estoy seguro de que mi esposa podría dar fe de que la tentación sexual no amenaza con empañar la belleza de nuestro matrimonio como sí lo hacen estos pecados. Por supuesto, el que cree que está firme, tenga cuidado, no sea que caiga (1 Co. 10:12).

Bajo el escrutinio de Pablo, guiado por el Espíritu, yo llegué a identificar no solo estos cinco pecados, sino que también logré describirlos en detalle. Lo que sigue a continuación es una descripción de mi comprensión y experiencia acerca del egoísmo.

¿Qué es mi egoísmo?

El egoísmo es casi lo mismo que el orgullo y está en el corazón de lo que Pablo denomina *el pecado que está en mis miembros* (Ro. 7:23), un pecado que permanece en mí aun siendo creyente. Es la corrupción de mi corazón que subyace a todos mis actos pecaminosos. Yo veo que mi egoísmo funciona como un reflejo, y que se manifiesta de cinco maneras:

- Espero ser servido.
- Siento que los demás me deben algo.
- Quiero ser elogiado.
- Espero que las cosas se hagan a mi manera.
- Siento que tengo el derecho para reaccionar negativamente si me enfadan.

La razón por la cual usé la palabra *reflejo* para describir estos rasgos egoístas es porque no existe premeditación alguna para su ocurrencia. Cuando estas respuestas se presentan, vienen de mi naturaleza caída, no de la reflexión ni la decisión. Yo no peco por deber. Peco de manera espontánea. Son los reflejos de mi pecaminosidad original que no ha muerto.

Efectos pecaminosos específicos del egoísmo

Ahora bien, ¿qué sucede en mi interior cuando se instiga este egoísmo? ¿Puedo mencionar estos efectos y describirlos de manera específica? Las generalizaciones vagas suelen ser evasivas. Pablo me estaba enseñando que debo ser específico. He aquí los cuatro efectos de mi egoísmo provocado.

- *Ira*: la enérgica oposición al obstáculo que se interpone en mi camino. Yo me pongo tenso y ataco verbalmente.
- *Autocompasión*: un deseo de que los demás sientan que estoy ofendido, me admiren por el hecho de ser lastimado y me expresen alguna conmiseración.
- *Prontitud para echar culpas*: un reflejo de atribuir a otros la causa de mi situación frustrante. Los demás pueden sentirlo en el tono de la voz, una mirada en el rostro, una pregunta indirecta o una acusación abierta.
- *Apatía*: inercia emocional que se retrae, acompañada de profundo desaliento, mal humor, desesperanza e indolencia.

Y, por supuesto, el efecto sobre el matrimonio es que mi esposa se siente culpabilizada y rechazada en lugar de sentirse estimada y cuidada. Se marchita la ternura. Se agota la esperanza. Se desvanece la fortaleza para perseverar en medio de las dificultades de los altibajos ministeriales. Y lo peor de todo es que estos pecados, como deja claro Pablo, no se conforman "a la verdad del evangelio" (Gá. 2:14), ni son "[dignos] del evangelio" (Fil. 1:27).

Pablo revela una contradicción

Durante esos meses de examen personal, Pablo me reveló con toda claridad la conexión que existía entre la remisión de mis pecados en la cruz, y mi conquista consciente e intencional de mis pecados mediante el esfuerzo, comprado por sangre e impulsado por el Espíritu. En otras palabras, él desarmó el patrón de pasividad que yo había desarrollado en relación con esos pecados. Me confrontó con la realidad bíblica de que se debe hacer morir los pecados, no consentirlos.

Por ejemplo, me mostró una contradicción importante en la que yo vivía. Por un lado, yo creía y actuaba según lo requería mi esfuerzo consciente de hacer morir la lujuria sexual. Sin embargo, era pasivo en lo tocante a los horribles efectos del egoísmo. Yo daba por hecho, de manera tácita, que la lujuria debe ser atacada de manera directa y consciente, puesto que Jesús ordenó sacar tu ojo si es preciso (Mt. 5:29). Pero por alguna razón di por hecho que yo no podía atacar los otros pecados de la misma manera. Suponía que de algún modo tenían que marchitarse y desaparecer por una obra interna e inconsciente del Espíritu, sin esfuerzo alguno de mi parte.

Los únicos pecados que podemos vencer son los pecados perdonados

No me malentiendas. Pablo dejó claro que la muerte de Cristo por mis pecados precede y hace posible mi victoria sobre mis pecados. Esta es la explicación en términos precisos: mi justificación precede a mi santificación. Ser *contado por justo* en Cristo precede el *volverme justo* en mi comportamiento. Cuando cantamos "Él quebranta el poder del pecado perdonado" en el himno "Oh, que tuviera lenguas mil", declaramos las cosas en el orden exacto. Primero, nuestro pecado es *cancelado* por la muerte de Cristo (Col. 2:14). Y solo entonces podemos *quebrantar su poder* por el Espíritu.

Sin embargo, durante esos ocho meses se evidenció más y más que el vínculo entre la remisión de mi pecado en la cruz y la conquista de mi pecado era el esfuerzo santificado. Valga aclarar que el único esfuerzo válido es el esfuerzo inspirado por el Espíritu y comprado por sangre. Con todo, es un esfuerzo consciente de mi voluntad. La pasividad en la búsqueda de la santidad no es lo que Pablo enseña. Pablo presenta múltiples ilustraciones de cómo funciona esto. En retrospectiva, yo me pregunto, ¿cómo me había vuelto tan pasivo?

Tres imágenes de Pablo

Estas son tres imágenes que describió Pablo para explicar cómo la muerte de Cristo cancela mi pecado y conduce al esfuerzo.

1. En la muerte de Cristo *hemos muerto* al pecado. "Fuimos

plantados juntamente con él en la semejanza de su muerte" (Ro. 6:5). Por tanto, haz morir el pecado de manera activa. "Así también vosotros consideraos muertos al pecado" (Ro. 6:11). "No reine, pues, el pecado en vuestro cuerpo mortal" (Ro. 6:12).

2. En la muerte de Cristo *fuimos comprados*. "No sois vuestros... Porque habéis sido comprados por precio" (1 Co. 6:19-20). Por tanto, glorifica a tu nuevo dueño de manera activa. "Glorificad, pues, a Dios en vuestro cuerpo" (1 Co. 6:20).

3. En la muerte de Cristo *fuimos perdonados*. "Dios también os perdonó a vosotros en Cristo" (Ef. 4:32). Por tanto, perdona. "Sed benignos unos con otros, misericordiosos, perdonándoos unos a otros" (Ef. 4:32).

En cada caso, *el impulso decisivo* de mi esfuerzo activo por buscar la santidad, mi acto de hacer morir el pecado, es la muerte de Cristo. Esto significa que el poder decisivo para *conquistar* mis grandes pecados nace de la realidad de que Cristo ya los ha *cancelado*. Los únicos pecados que puedo vencer son los pecados que han sido perdonados.

"Saca tu ojo" no solo se aplica a la lujuria

Sin embargo, esto es lo que he pasado por alto: En los tres casos, el vínculo entre la cruz y mi pecado conquistado es *mi voluntad facultada*. Digo esto porque, en los tres casos, Pablo declara que mi *muerte*, mi *compra* y mi *perdón* constituyen la base de un *mandato* dirigido a mi voluntad. "No reine, pues, el pecado en vuestro cuerpo mortal". "Glorificad, pues, a Dios en vuestro cuerpo". "Sed benignos unos con otros, misericordiosos, perdonándoos unos a otros". Estos mandatos están dirigidos a mí. Involucran mi voluntad.

En otras palabras, Pablo se propone que parte de mi experiencia de santificación sea un esfuerzo consciente, una oposición intencional a pecados específicos en mi vida. Yo había aplicado esto a la lujuria. Sin embargo, por alguna razón había fallado en aplicar la misma intencionalidad radical para hacer morir mi egoísmo, mi ira, mi autocompasión, mi prontitud para culpar a otros y mi apatía.

¡Manos a la obra, porque Dios está obrando!

En ese punto, Pablo me agarró y me refregó en la nariz Filipenses 2:12-13:

> Por tanto, amados míos, como siempre habéis obedecido, no como en mi presencia solamente, sino mucho más ahora en mi ausencia, ocupaos en vuestra salvación con temor y temblor, porque Dios es el que en vosotros produce así el querer como el hacer, por su buena voluntad.

Vi, bajo una nueva luz, dos cosas:

1. Descubrí que el verbo "*ocupaos en* vuestra salvación" (griego *katergazesthe*) significa *producir*, *propiciar* o *lograr*. En su comentario de Filipenses, Peter O'Brien resume esto en la frase: "Un esfuerzo continuo, persistente y vigoroso".[1] Por supuesto, este lenguaje es peligroso. Podría llevar a alguien a trabajar sin depender de la obra previa de justificación de Cristo, y sin depender del Espíritu. Pero Pablo no comete ese error. Él presupone aquí la cruz y el Espíritu. Entonces dice: ¡Ahora dejen de ser pasivos! No todos los pecados mueren por sí solos. Algunos hay que hacerlos morir de manera activa.
2. Comprendí que la salvación de la cual iba a ocuparme no solo era la realidad global de mi liberación total, sino también la realidad concreta de mi liberación del egoísmo, la ira, la autocompasión, el culpar a otros y la apatía.

Cómo funciona en la práctica

El efecto general de estos descubrimientos fue una ofensiva renovada y concentrada sobre pecados específicos, con una intencionalidad que nunca antes había ejercitado, salvo en la lucha

---

1. Peter T. O'Brien, *The Epistle to the Philippians*, New International Greek Testament Commentary (Grand Rapids, MI: 1991), p. 279.

contra la lujuria. Cuando regresé a la iglesia después de mi ausencia de ocho meses, hablé acerca de esto en la capilla de la universidad y en el seminario de Bethlehem, y usé la siguiente ilustración para ayudarles a comprender lo que estaba aprendiendo.

Hace poco, una acogedora y nevada noche de domingo, mi esposa y mi hija estaban solas en casa. Yo tenía la expectativa de que hiciéramos algo juntos. Sin embargo, mi hija de catorce años vino al comedor y dijo: "Mamá y yo vamos a ver *Supernanny* en la computadora". Se instalaron y empezaron a ver su programa, sin mí.

Ahora bien, por insignificante que parezca este incidente, en ese momento la tentación del egoísmo, la ira, la autocompasión, el culpar a otros y la apatía fue tan peligrosa para mi alma como cualquier tentación sexual. Ahora, con una voluntad renovada e implacable contra esos sentimientos pecaminosos que crecían en mí, dije de inmediato *¡no!* No lo hice de manera audible, sino que dirigí mi intención a mi alma pecaminosa. Entonces subí en silencio, renunciando de manera consciente a cualquier lenguaje corporal que expresara afectos heridos (aunque los sentía).

En mi estudio, hice guerra. ¡Tuve que esforzarme! Volví mi mente y mi corazón a las promesas de Dios, a la seguridad de la cruz, al amor del Padre, a la riqueza de mi herencia en Cristo, a las bendiciones del día del Señor y a la paciencia de Jesús. Y las traje a mi mente allí mismo donde podía verlas.

Clamé al Señor para que me concediera su ayuda comprada por sangre, y yo de manera consciente e intencional (¡no pasiva!) combatí la ira, la autocompasión, la culpa a otros y la apatía, siendo que estas se oponen completamente al carácter con el cual me identifico en Jesucristo (1 Co. 5:7). Y seguí combatiendo hasta que todos habían muerto por completo.

Buen crecimiento presente, mejores días por venir

Yo reconozco abiertamente que sería muchísimo mejor, y una señal de mayor madurez y santificación, si esta guerra no existiera en absoluto, si yo nunca hubiera experimentado estos sentimientos pecaminosos creciendo en mi corazón. Ese día vendrá. Pero hasta entonces le doy gracias a Dios porque Él canceló el pecado en la cruz, quebranta el poder del pecado cancelado, y lo hace a veces por medio de mi voluntad facultada por el Espíritu para pelear con todas las fuerzas.

Y doy gracias a Dios por Pablo. Después de Cristo, nadie me ha aleccionado, diagnosticado, expuesto, enseñado y liberado más como lo ha hecho Pablo. ¡Cómo no amar a un compañero de lucha, un consejero matrimonial y un edificador ministerial como este hombre!

PARTE 3

UNA MENTE LÓGICA, UN CORAZÓN AMOROSO

11

Riguroso en el razonamiento, transparente en el sentimiento

El alma de Pablo se caracterizó por la hermosa interconexión de enormes facultades racionales y de profundas capacidades emocionales, las cuales puso por igual al servicio del prójimo.

Casi todos los que se han propuesto con paciencia y rigor analizar el pensamiento de Pablo en su carta a los Romanos coinciden en esto: se trata de la obra de un intelecto sobresaliente. Algunos han catalogado Romanos como la epístola más grande que se haya escrito jamás, aunque solo fuera por la majestuosidad de su contenido y por la meticulosidad de su razonamiento. Aun sus enemigos notaron estos dones intelectuales:

> Diciendo él [Pablo] estas cosas en su defensa, Festo [el gobernador romano] a gran voz dijo: Estás loco, Pablo; las muchas letras te vuelven loco (Hch. 26:24).

"Maduros en el modo de pensar"

Pablo creía que la aplicación seria de las facultades intelectuales es parte de lo que significa seguir a Cristo. A pesar de que se había educado formalmente a los pies de un maestro famoso (Hch. 22:3), Pablo no se consideraba el tipo de intelectual que usaría sus capacidades para humillar a otros y exaltarse a sí mismo. Él no quería que quienes se convertían dejaran a un lado la razón. Él exhortó a todos los cristianos a pensar por sí mismos:

> Hermanos, no seáis niños en el modo de pensar, sino sed niños en la malicia, pero *maduros en el modo de pensar* (1 Co. 14:20).
>
> *Considera lo que digo*, y el Señor te dé entendimiento en todo (2 Ti. 2:7).
>
> Como a sensatos os hablo; *juzgad vosotros* lo que digo (1 Co. 10:15).

Incluso el apóstol Pedro, en su segunda carta, señaló la complejidad y la dificultad que supone entender algunos escritos de Pablo:

> Entre las cuales [sus cartas] hay algunas difíciles de entender, las cuales los indoctos e inconstantes tuercen, como también las otras Escrituras, para su propia perdición (2 P. 3:16).

Emocionalmente tierno y transparente

Sin embargo, a pesar de la complejidad y de la magnitud de su razonamiento, la madurez espiritual y la plena humanidad del apóstol brillan a través de la profundidad, la ternura y la intensidad de sus emociones, las cuales (como sus propias imperfecciones) estuvo dispuesto a revelar.

> Antes fuimos *tiernos* entre vosotros, como la nodriza que cuida con ternura a sus propios hijos. Tan grande es nuestro *afecto* por vosotros, que hubiéramos querido entregaros no sólo el evangelio de Dios, sino también nuestras propias vidas; porque habéis llegado a sernos muy queridos (1 Ts. 2:7-8).
>
> Hermanos míos *amados y deseados*, gozo y corona mía, estad así firmes en el Señor, *amados* (Fil. 4:1).

> Dios me es testigo de cómo *os amo a todos vosotros con el entrañable amor* de Jesucristo (Fil. 1:8).
>
> Y te lo he vuelto a enviar [a Onésimo] en persona, es decir, como si fuera *mi propio corazón* (Flm. 12, LBLA).
>
> Nuestra boca se ha abierto a vosotros, oh corintios; *nuestro corazón se ha ensanchado.* No estáis estrechos en nosotros, pero sí sois estrechos en vuestro propio corazón. Pues, para corresponder del mismo modo (como a hijos hablo), ensanchaos también vosotros (2 Co. 6:11-13).

Una rara combinación de mente y corazón

Muchas personas en este mundo están más centradas en lo racional y tienen dificultades para expresar emociones reales. Y otras son muy emocionales y les resulta difícil seguir un argumento complejo, ni qué decir construir uno. Pocas personas tienen una capacidad racional extraordinaria y al mismo tiempo un corazón tierno y la facilidad para expresar emociones de tal modo que se comunique aliento y gozo a otros.

Cuando encuentro a Pablo en sus cartas, él sobresale como una de estas personas excepcionales. Esto reviste una gran importancia. Su combinación de razón y autenticidad emocional no dejan ver a un hombre ingenuo o engañoso. Él lleva las marcas de un hombre maduro, mentalmente sano y estable. Sus facultades intelectuales pueden haber intimidado a algunos. Sin embargo, su empatía y su capacidad para expresar compasión y tierno afecto borran toda sensación de intimidación, y se gana nuestro corazón. En cuanto a mí, él despierta *mi* mente y se ha ganado *mi* corazón.

12

Habla con emoción acerca de la gloria de Cristo, no de la actividad religiosa

Aunque Pablo pudo haberse jactado de sus logros excepcionales que superan a muchos de su generación, y que incluso su rango y sus logros en la iglesia fueron tan elevados como es posible alcanzar, él prefirió, a pesar de todo, exultar y hablar del valor supremo de conocer a Jesús personalmente.

Admiro a las personas que, a pesar de ostentar logros notables, atesoran a Jesús por encima del reconocimiento que se deriva de los grandes logros. Pareciera que muchos cristianos hablan de buena gana acerca del crecimiento de la iglesia, las experiencias ministeriales, los asuntos éticos en la sociedad, las crisis de persecución, la condición de nuestra juventud, las tendencias musicales de actualidad y más, pero no están tan dispuestos a hablar del valor supremo de su comunión con Jesús.

Esta clase de cristianismo da la impresión de ser anormal, como si la esencia de la realidad espiritual se encontrara en hechos y no en la relación con la persona divina que inspira, moldea y sustenta esos hechos. Es como si lo que fuera realmente interesante y cautivador sea la forma del cascarón, no el sabor de la nuez. Es triste que a muchos cristianos les resulte tan fácil hablar acerca de la actividad religiosa, y en cambio tan difícil hablar acerca de la degustación espiritual. No fue así como vivió el apóstol Pablo.

Grandes logros antes y después de la conversión

Pablo estaba en el pináculo de su carrera religiosa cuando Jesús le hizo bajarse del pedestal. Incluso después de su conversión, Pablo era uno de los cristianos más acreditados y productivos de su época. Ostentaba una impresionante "actividad religiosa" de la cual podía hablar. Sus antiguos secuaces religiosos trataron de ponerlo en la sombra jactándose de sus rigores religiosos. Pablo podía haberlos derrotado en su juego. De hecho, en varias ocasiones Pablo echó mano de su asombroso currículo religioso y silenció a sus detractores con palabras como estas:

> Si alguno piensa que tiene de qué confiar en la carne, yo más: circuncidado al octavo día, del linaje de Israel, de la tribu de Benjamín, hebreo de hebreos; en cuanto a la ley, fariseo; en cuanto a celo, perseguidor de la iglesia; en cuanto a la justicia que es en la ley, irreprensible (Fil. 3:4-6).
>
> En el judaísmo aventajaba a muchos de mis contemporáneos en mi nación, siendo mucho más celoso de las tradiciones de mis padres (Gá. 1:14).

Aun después de convertirse en cristiano, sus logros eran insuperables. De vez en cuando hacía referencia a su arduo trabajo, a su autoridad espiritual y a sus frutos. Sin embargo, cada vez que lo hacía, confesaba su absoluta dependencia de la gracia de Dios. Él quería gloriarse en Cristo mismo, no en su arduo trabajo, sus milagros o sus visiones.

> Pero por la gracia de Dios soy lo que soy; y su gracia no ha sido en vano para conmigo, antes he trabajado más que todos ellos; pero no yo, sino la gracia de Dios conmigo (1 Co. 15:10).
>
> En nada he sido menos que aquellos grandes apóstoles, aunque nada soy (2 Co. 12:11).
>
> ¿Qué, pues, es Pablo, y qué es Apolos? Servidores por medio de los cuales habéis creído; y eso según lo que a cada uno con-

> cedió el Señor. Yo planté, Apolos regó; pero el crecimiento lo ha dado Dios. Así que ni el que planta es algo, ni el que riega, sino Dios, que da el crecimiento (1 Co. 3:5-7).

Jesús era su gozo, así lo expresó

Los logros de Pablo eran superiores antes de él convertirse en cristiano y después de que se convirtió en cristiano. Pero estos no eran su gloria. No eran su gozo. Él mostró dónde yacían su gloria y su gozo de la manera más clara cuando comparó su deleite en Cristo con su deleite en sus logros.

> Pero cuantas cosas eran para mí ganancia, las he estimado como pérdida por amor de Cristo. Y ciertamente, aun estimo todas las cosas como pérdida por la excelencia del conocimiento de Cristo Jesús, mi Señor, por amor del cual lo he perdido todo, y lo tengo por basura, para ganar a Cristo (Fil. 3:7-8).

Jesús mismo, conocerlo a Él en todo su valor inestimable, era su mayor gloria y su mayor gozo. Los logros eran secundarios. Jesús mismo, conocerlo y deleitarse en Él, era lo primordial. Pablo tenía una convicción tal de ser amado por Jesús, que lo conmovía en su día a día. Él describió su vida de la siguiente manera:

> Con Cristo estoy juntamente crucificado, y ya no vivo yo, mas vive Cristo en mí; y lo que ahora vivo en la carne, lo vivo en la fe del Hijo de Dios, *el cual me amó y se entregó a sí mismo por mí* (Gá. 2:20).

Pablo vivía tan unido a Cristo, al amor de Cristo por Él y a su fe en Cristo, que Pablo emanaba un profundo sentido de la manifestación de la vida de Cristo en él. Este era el deleite de Pablo. Este era el corazón de su jactancia y de su exultación. No pasa mucho tiempo de conversación con Pablo sin que lo escuchemos hablar de su gran amor.

Un amigo muy especial

Yo anhelo encontrar esta actitud en las personas con quienes me relaciono. Anhelo esta clase de comunicación, la que supera el asunto de los logros para enfocarse en la comunión personal con el Cristo resucitado. Por eso, cuando lo veo tan bellamente en Pablo, siento que he encontrado a un amigo muy especial.

13

De la lógica vehemente a la lírica de amor

Pablo no solo podía pensar y escribir al más exigente nivel intelectual, sino que también podía escribir de manera poética y estética, y palabras de interés universal al punto de que algunas se encuentran entre las más citadas en el mundo, aun por parte de incrédulos.

Entiendo que escribir de manera cautivadora no sea un gran logro moral. Incluso las malas personas han escrito ensayos complicados, prosa magnífica y poesía deslumbrante. Entonces, ¿qué importancia tiene incluir este tipo de observación, su don para la escritura, entre las razones por las cuales amo al apóstol Pablo?

Una pincelada de azul claro en el lienzo de su vida

En un cuadro, no toda pincelada tiene que ser particularmente impresionante. Muchas no lo son. Una sola pincelada puede añadir un simple toque que, en conjunto con todas las demás, embellece el cuadro entero. Es como cuando conoces a alguien, encuentras decenas de cosas hermosas acerca de ella, aprendes a confiar en ella y luego descubres: *¿En serio? Aparte de todo lo demás ¡es un artista!, ¡un poeta!*

Es así como esto funciona desde mi perspectiva. Es una pincelada de azul claro que puede parecer superflua, pero me hace sonreír con gozo el hecho de saber que forma parte de este retrato de Pablo.

De la lógica a la lírica

Pablo tiene la reputación de escribir frases largas de lógica intrincada que desarrollan argumentos extendidos y complicados. Por ejemplo, ¡los versículos 3-14 de Efesios 1 son una sola frase larga! La mayoría de quienes estudian a Pablo dirían que su carta a los Romanos constituye un ejemplo espectacular de argumentación cuidadosa. Él escribe con precisión lógica y presta atención rigurosa a la claridad y la contundencia.

Por eso quedamos sorprendidos cuando llegamos al capítulo 13 de 1 Corintios. El capítulo aparece justo en medio de una discusión polémica sobre los dones espirituales. Antes y después del capítulo 13 encontramos capítulos que tratan acerca de este controvertido tema. Justo en medio, aparece lo que la mayoría de las personas que conocen a Pablo considerarían el pasaje más hermoso que haya escrito el apóstol, hermoso en la combinación de pensamiento *moralmente* luminoso y una prosa *estéticamente* deslumbrante. Algunos dirían *poesía*. Puede que sea de utilidad citar el pasaje completo:

> Si yo hablase lenguas humanas y angélicas, y no tengo amor, vengo a ser como metal que resuena, o címbalo que retiñe. Y si tuviese profecía, y entendiese todos los misterios y toda ciencia, y si tuviese toda la fe, de tal manera que trasladase los montes, y no tengo amor, nada soy. Y si repartiese todos mis bienes para dar de comer a los pobres, y si entregase mi cuerpo para ser quemado, y no tengo amor, de nada me sirve.
>
> El amor es sufrido, es benigno; el amor no tiene envidia, el amor no es jactancioso, no se envanece; no hace nada indebido, no busca lo suyo, no se irrita, no guarda rencor; no se goza de la injusticia, mas se goza de la verdad. Todo lo sufre, todo lo cree, todo lo espera, todo lo soporta.
>
> El amor nunca deja de ser; pero las profecías se acabarán, y cesarán las lenguas, y la ciencia acabará. Porque en parte conocemos, y en parte profetizamos; mas cuando venga lo perfecto, entonces lo que es en parte se acabará. Cuando yo

> era niño, hablaba como niño, pensaba como niño, juzgaba como niño; mas cuando ya fui hombre, dejé lo que era de niño. Ahora vemos por espejo, oscuramente; mas entonces veremos cara a cara. Ahora conozco en parte; pero entonces conoceré como fui conocido. Y ahora permanecen la fe, la esperanza y el amor, estos tres; pero el mayor de ellos es el amor.

Este capítulo es hermoso en su concisión, ritmo, imaginación, desarrollo, crescendo, temática y cabalidad. Es diferente a todo lo que Pablo escribió. Sin embargo, intentar decir que él no lo escribió sino que lo tomó prestado, hace pedazos otro hecho hermoso: que la polémica de los capítulos 12 y 14 están entretejidos en el capítulo 13. Este capítulo no es un meteorito que cayó en medio de una polémica y está aislado de su contexto. Es un tejido hecho de hilos tomados de la controversia. No es un producto indirecto.

El hecho de que Pablo pudiera elevarse a este nivel de hazaña poética en medio de una discusión polémica es extraordinario. Su repertorio estilístico no se limita a nuestras expectativas. Sus capacidades como escritor no son estrechas. En su alcance en la escritura, él es más dotado de lo que podíamos pensar.

La dimensión moral de la prosa de Pablo

Esto me trae de vuelta al pensamiento de que su capacidad para escribir no constituye un gran logro moral. Cuanto más contemplo esta brillante pincelada en el retrato de la grandeza de Pablo, menos convencido me siento de esa idea. Por un lado, escribir de la manera como él solía hacerlo, desarrollando argumentos precisos con contundencia y claridad no es, a mi modo de ver, algo moralmente neutral. Es una señal de honestidad. Presentar razones de lo que se cree y esmerarse en revelar con claridad lo que realmente se piensa son señales de integridad.

¿Qué hay, pues, de la dimensión moral de la profundidad y la belleza del capítulo por excelencia sobre el amor? ¿Fue simplemente la función moralmente neutral de una habilidad natural? Me impresiona que alguien con estos dones extraordinarios de lógica y poesía pudiera haberse hecho célebre en el mundo literario de la cultura romana y judía. En lugar de eso, Pablo siguió el camino del sufrimiento como apóstol de Cristo. Él subordinó los grandes prospectos como celebridad al servicio de la iglesia de Cristo. Solo esto añade una belleza más a 1 Corintios 13: El hecho de que no está publicado en una revista literaria sino entretejido humildemente en una carta cuyo propósito es ayudar a personas comunes a amarse las unas a las otras.

De hecho, cuando pienso en cómo Pablo escogió un camino de sufrimiento en lugar de una carrera literaria, no puedo evitar preguntarme si realmente 1 Corintios 13 pudo haber sido escrita sin este sufrimiento. Tal vez, de ese modo, esta brillante pincelada azul no sea casualidad en el marco de la belleza moral de la vida de Pablo. Quizá se ubica no en la periferia sino en el corazón mismo de la razón por la cual lo amo.

14

Traduciendo pensamientos elevados para servir al humilde

Aunque Pablo podía tratar las "insondables riquezas de Cristo", su carga consistió en despertar y sustentar en todos los cristianos "una devoción sincera y pura a Cristo". Así pues, "se condujo en el mundo con sencillez y sinceridad piadosa, no por sabiduría terrenal sino por la gracia de Dios".

Por un lado, es admirable tener acceso a una verdad profunda, pero no si esto te infla y te hace indiferente a las necesidades de las personas comunes, como la necesidad de la verdad que ellas puedan entender y poner en práctica para su bien temporal y eterno. Por otro lado, es admirable ser práctico y comprensible, y tener los pies en la tierra, pero no si esto va acompañado de algún tipo de esnobismo invertido que evita las realidades complejas y mide la verdad y el valor conforme a una norma puramente pragmática.

Profundo y práctico

Pablo era a la vez profundo y práctico. O, dicho en otros términos, amaba a Dios y a las personas. Su amor por Dios lo impulsaba a elevarse aún más en la revelación de la gloria de Dios. Su amor por las personas lo impulsaba a brindar explicaciones y aliento a hombres comunes con la intención de ayudarles a avanzar hacia nuevos niveles de sabiduría, bondad y gozo.

Pablo recibió revelaciones de grandes misterios, lo cual denominó "las inescrutables riquezas de Cristo" (Ef. 3:8; cf. Col. 1:27). Él podía guiar a sus lectores a tales alturas de estos misterios, y al regresar exclamaba: "¡Cuán insondables son sus juicios, e inescrutables sus caminos!" (Ro. 11:33).

Toda mi admiración por la elevada comprensión espiritual y la sabiduría de Pablo se desvanecería si él menospreciara a las personas comunes y usara su sabiduría apostólica y su intelecto natural para ganarse el aplauso de los demás, en lugar de comunicarlo para la edificación de otros. Sin embargo, Pablo se cuidó al máximo de ese peligro.

Que todo se haga para edificación, aun si viene del experto

Cuando Pablo confrontó a los cristianos corintios por la falta de amor en el uso de sus dones espirituales, subrayó que todo debía hacerse para la edificación de los demás. Ellos hablaban en lenguas sin interpretación, de modo que nadie entendía y la fe de nadie era edificada. Así que Pablo dice: "Hágase todo para edificación" (1 Co. 14:26). Y además puso en práctica lo que predicó:

> Porque tú, a la verdad, bien das gracias; pero el otro no es edificado. Doy gracias a Dios que hablo en lenguas más que todos vosotros; pero en la iglesia prefiero hablar cinco palabras con mi entendimiento, para enseñar también a otros, que diez mil palabras en lengua desconocida (1 Co. 14:17-19).

Esto es impresionante. Si alguien podía jactarse del don infrecuente y sobrenatural de hablar en lenguas, Pablo afirmaba que él era uno de ellos. Pero Pablo no quería alimentar su propia reputación de superioridad espiritual. Él quería ayudar a las personas comunes a entender la verdad y a crecer en su fe.

Sencillez y sinceridad de Dios

Cuando la fe de los corintios peligraba, Pablo se preocupó en gran manera: "Pero temo que como la serpiente con su astucia engañó a Eva, vuestros sentidos sean de alguna manera extraviados de la sincera fidelidad a Cristo" (2 Co. 11:3). Esto es lo que él buscaba: "sincera fidelidad a Cristo". ¿Cómo podía él ayudar a lograr esto? No ignorando las "inescrutables riquezas de Cristo". No marginando la realidad gloriosa. Entonces ¿cómo? Así:

> El testimonio de nuestra conciencia, que con sencillez y sinceridad de Dios, no con sabiduría humana, sino con la gracia de Dios, nos hemos conducido en el mundo, y mucho más con vosotros. Porque no os escribimos otras cosas de las que leéis, o también entendéis; y espero que hasta el fin las entenderéis (2 Co. 1:12-13).

Pablo podía elevarse a las grandes alturas teológicas con los profetas y filósofos notables. Era un hombre dotado, y eso inspiraba. Aun así, no dio lugar a deseos orgullosos de enseñorearse de su pueblo. Él no hizo alarde de sus capacidades para descollar. Antes bien, actuó "con sencillez y sinceridad de Dios". Él se propuso que las personas comunes lo entendieran. Es hermoso cuando una mente genial ama algo así. Esa persona se gana mi confianza y mi admiración.

PARTE 4

HACER CANTAR LOS MISTERIOS

15

Más maravillado por la gloria revelada que por la gloria velada

Aunque Pablo confesó que los caminos de Dios son inescrutables y sus juicios insondables, no se queda en las tierras bajas de la revelación divina, sino que nos conduce a las alturas de los caminos y los juicios de Dios, de modo que cuando quedamos boquiabiertos no es porque nos maravillemos de los Apalaches, sino de los Alpes; no de a la aritmética de Dios, sino de su cálculo.

He leído escritores y escuchado oradores que tratan de convertir nuestra ignorancia acerca de los caminos de Dios en una plataforma para nuestro asombro y adoración. Por lo general, lo hacen usando la palabra *misterio* para referirse a las profundidades y las alturas de Dios de tal modo que deberíamos, según ellos, conmovernos de asombro y admiración por lo mucho que no sabemos acerca de Dios.

Esto siempre me ha parecido confuso. No me cautivan las personas que hacen esto. El enfoque de Pablo es muy diferente. Él diría que Dios se glorifica más cuando estamos asombrados y admiramos, adoramos y nos sometemos gozosamente a Él por aquello que *sí* sabemos acerca de Él, no por lo que *no* sabemos acerca de Él.

Tu admiración y asombro por una cadena montañosa podría basarse en un vistazo desde las laderas, donde ves la cadena levantarse y desaparecer en las nubes de poca altitud. O puede basarse en años de expediciones en la cadena montañosa solo para descubrir que cada vez que alcanzas la cima de una montaña increíblemente alta, aparece delante de ti otra cadena montañosa todavía más elevada.

Dios no recibe mucha honra cuando te pasas la vida en las laderas, escribiendo ensayos y poemas acerca de lo mucho que no conoces por encima de la línea de nubes. Es mucho mejor dejar que Dios ponga tu mano en la mano de Pablo y pasar una vida entera escalando con él los senderos elevados de la revelación.

"¿Insondable e inescrutable?"

Uno de los pasajes más malinterpretados y mal utilizados de los escritos de Pablo es la gran sesión culminante al final de Romanos 1–11:

> ¡Oh profundidad de las riquezas de la sabiduría y de la ciencia de Dios! ¡Cuán insondables son sus juicios, e inescrutables sus caminos! Porque ¿quién entendió la mente del Señor? ¿O quién fue su consejero? ¿O quién le dio a él primero, para que le fuese recompensado? Porque de él, y por él, y para él, son todas las cosas. A él sea la gloria por los siglos. Amén (Ro. 11:33-36).

He aquí la observación clave: Pablo no escribe esta sublime admiración de las riquezas de Dios *en lugar de* revelar esas riquezas, sino *porque* ha establecido esas riquezas a lo largo de once capítulos de revelación extraordinaria. Él está en las nubes por lo que acaba de *revelar*, no por todo lo que ha quedado *velado*. Estas palabras de asombro aparecen al final de once capítulos en los cuales Pablo nos ha llevado a las profundidades y a las alturas de los caminos de Dios, más allá de lo que cualquiera de nosotros hubiera creído posible.

Nada más leer los tres *versículos* anteriores nos dejan la mente atónita acerca de los caminos de Dios. No porque estén detrás de una nube de lo desconocido, sino porque son revelados como absolutamente inesperados, desconcertantes, impresionantes y que glorifican a Dios. Pablo resume los planes de Dios para los judíos y los gentiles:

> Pues como vosotros [los gentiles] también en otro tiempo erais desobedientes a Dios, pero ahora habéis alcanzado misericordia por la desobediencia de ellos [los judíos], así también éstos ahora han sido desobedientes, para que por la misericordia concedida a vosotros, ellos también alcancen misericordia. Porque Dios sujetó a todos en desobediencia, para tener misericordia de todos (Ro. 11:30-32).

Dedica cinco minutos a meditar en estos versículos, y al principio saldrás aturdido, luego quedarás asombrado, no porque hayas quedado en la penumbra sino porque la luz es tan brillante que apenas puedes creer lo que estás viendo.

"Insondable" pero traído a la luz

Una vez más, Pablo describe su revelación de los caminos de Dios como *insondables*. Y el punto *no* es que él nos deje en las laderas sin conocimiento.

> A mí, que soy menos que el más pequeño de todos los santos, me fue dada esta gracia de anunciar entre los gentiles el evangelio de las *inescrutables riquezas de Cristo*, y de *aclarar a todos cuál sea la dispensación del misterio* escondido desde los siglos en Dios, que creó todas las cosas (Ef. 3:8-9).

Este texto *no* quiere decir: "Lo siento, amigos, las riquezas de Cristo están en la penumbra del misterio y no pueden ser reveladas". El texto dice lo contrario: "Dios me llamó —dice Pablo—,

¡y me dotó para traer el misterio a la luz! ¡Las cosas que escribo acerca de Cristo *son* las riquezas insondables de Cristo!".

Son insondables en tres sentidos: (1) Han estado "ocultas...", ¡pero ya no! (2) Pueden conocerse solo por revelación divina, no por simple sabiduría humana, y Pablo está escribiendo esa revelación. (3) Siempre habrá más para ver, a medida que se avanza en el significado de la revelación inspirada, y luego se asciende del Himalaya al cielo.

Conocer lo que excede a todo conocimiento

Este último punto queda confirmado en la oración de Pablo en el siguiente capítulo de Efesios. Él ora para que seamos:

> plenamente capaces de comprender con todos los santos cuál sea la anchura, la longitud, la profundidad y la altura, y de *conocer el amor de Cristo, que excede a todo conocimiento*, para que seáis llenos de toda la plenitud de Dios (Ef. 3:18-19).

¡Eso es! Gracias a la asombrosa revelación de Dios de sus caminos en Cristo, por medio de los escritos del apóstol Pablo, se nos permite conocer "el amor de Cristo, que excede a todo conocimiento". Somos conducidos más y más arriba en la cadena montañosa de las maravillas de Dios, de modo que realmente conocemos lo que era incognoscible, solo para descubrir que las montañas se elevan aún más.

Un *sherpa* seguro en el Himalaya de la Palabra de Dios

Yo no estaría escribiendo este libro si Pablo fuera la clase de persona que se contenta con vivir en las laderas de la revelación, alabando con elocuencia el "misterio" que está más allá de las nubes de poca altitud. Pablo no es esa clase de persona. Pablo sabía que Dios le había dado el llamado no de *ocultar*, sino de *predicar* "las inescrutables riquezas de Cristo".

Pablo sabe que Dios se glorifica no cuando nos quedamos en el valle, ensalzando sin cesar el valor del misterio inexplorado, sino cuando aceptamos su invitación a ser guiados hacia sus juicios insondables y sus caminos inescrutables. He descubierto que Pablo es un *sherpa* seguro en el Himalaya de la revelación de Dios. Él me ha guiado a lo largo de caminos muy peligrosos. Por eso lo amo.

16

Deleitarse en el poder de Dios en y por medio del nuestro

Pablo combinó una pasión por el gobierno omnipresente y providencial de Dios sobre el mundo entero, con un profundo compromiso con la acción y la responsabilidad humanas.

Pensar seriamente en la realidad pura de Dios evoca preguntas acerca del alcance de su poder y la realidad de la libertad humana. Por supuesto, si no crees en Dios, te planteas la misma clase de preguntas, solo que no son tan personales. Si no existe un ser inteligente detrás del cosmos, entonces la pregunta no es si Dios gobierna la voluntad del hombre, sino si la voluntad del hombre tiene algún significado más allá de un simple movimiento de moléculas.

Dios: realidad absoluta, trinitaria

Sin embargo, Pablo cree en Dios y cree que "de él, y por él, y para él, son todas las cosas" (Ro. 11:36). Él cree que Dios ha existido desde la eternidad como la trinidad: Padre, Hijo y Espíritu Santo. Estos tres son un Dios, una esencia divina, pero tres personas. La trinidad puede ser un gran misterio, pero según lo que escribe Pablo en sus epístolas, es inexorable.

Dios Hijo es la imagen misma de Dios (2 Co. 4:4; Col. 1:15). "Por cuanto agradó al Padre que en él habitase toda plenitud… en él habita corporalmente toda la plenitud de la Deidad" (Col. 1:19;

2:9). Dios Espíritu es el Espíritu de Dios y el Espíritu de Cristo (Ro. 8:9). Por medio del Hijo todas las cosas fueron creadas y se mantienen unidas.

> Porque en él [el Hijo] fueron creadas todas las cosas, las que hay en los cielos y las que hay en la tierra... todo fue creado por medio de él y para él. Y él es antes de todas las cosas, y todas las cosas en él subsisten (Col. 1:16-17).

Así pues, en la concepción de Pablo, el universo es creado y sustentado por un Dios personal. No hay indicio alguno de fatalismo materialista, como si el cosmos fuera una expansión infinita de materia, energía y tiempo nada más. Para él, el universo irradia la obra de una Persona inteligente. Cuenta la historia de la gloria de Dios (Ro. 1:20).

Todas las cosas según su voluntad

De ahí surge la pregunta acerca de cómo esta actividad creadora y sustentadora omnipresente de Dios se relaciona con los seres humanos. No nos sorprende que Pablo diga: "En él asimismo tuvimos herencia, habiendo sido predestinados conforme al propósito del *que hace todas las cosas según el designio de su voluntad*" (Ef. 1:11).

Para Pablo, esta soberanía universal de Dios constituye el fundamento de las mejores noticias del mundo, a saber, que en un mundo de constante calamidad, tragedia, sufrimiento y dolor, Dios obra cada acontecimiento para el bien de los que le aman. Si Él no fuera soberano en todas las cosas, no podría usar todas las cosas para nuestro bien. Por eso Pablo pronunció las asombrosas palabras: "A los que aman a Dios, todas las cosas les ayudan a bien, esto es, a los que conforme a su propósito son llamados" (Ro. 8:28).

El poder de Dios no paraliza, sino que impulsa

Sin embargo, lo que hace más hermosa la visión de Pablo de la soberanía de Dios es que no contradice la realidad y la importancia de nuestra voluntad, sino que se incorpora perfectamente en maneras que nos asombran y nos capacitan. Por ejemplo, él dice:

> Pero por la gracia de Dios soy lo que soy; y su gracia no ha sido en vano para conmigo, antes *he trabajado* más que todos ellos; pero *no yo, sino la gracia de Dios* conmigo (1 Co. 15:10).
>
> Por tanto, amados míos, como siempre habéis obedecido, no como en mi presencia solamente, sino mucho más ahora en mi ausencia, *ocupaos en vuestra salvación* con temor y temblor, porque *Dios es el que en vosotros produce* así el querer como el hacer, por su buena voluntad (Fil. 2:12-13).
>
> Pero gracias a Dios que *puso en el corazón de Tito* la misma solicitud por vosotros. Pues a la verdad recibió la exhortación; pero estando también muy solícito, *por su propia voluntad* partió para ir a vosotros (2 Co. 8:16-17).

Lo que resulta impresionante acerca de esta concepción de la realidad es que el gobierno soberano y decisivo en el mundo y en nuestras vidas no es un obstáculo sino una ayuda para que hagamos lo que Él nos llama hacer. La soberanía de Dios no nos vuelve fatalistas. No nos paraliza ni nos hace decir "lo que ha de ser será". No nos desilusiona con la ausencia de sentido de un cosmos impersonal.

Antes bien, nos capacita para ejercer toda *nuestra* voluntad y toda *nuestra* energía, porque sabemos que es así como Dios opera en el mundo: por medio de las personas. El gobierno omnipresente de Dios en el mundo nos infunde la esperanza de que nada carece de sentido. Nada es pura casualidad. Todo es parte de la sabiduría infinita y, a menudo, inescrutable, de Dios.

Por tanto, como vimos en el capítulo anterior, Pablo llega al final de uno de sus pasajes más elogiados de la carta a los Romanos, donde dice:

> ¡Oh profundidad de las riquezas de la sabiduría y de la ciencia de Dios! ¡Cuán insondables son sus juicios, e inescrutables sus caminos! Porque ¿quién entendió la mente del Señor? ¿O quién fue su consejero? ¿O quién le dio a él primero, para que le fuese recompensado? Porque de él, y por él, y para él, son todas las cosas. A él sea la gloria por los siglos. Amén (Ro. 11:33-36).

En todos estos pensamientos elevados acerca del poder, las riquezas, la sabiduría y la soberanía de Dios, Pablo es una persona que expresa alabanza gozosa. Él no es el racionalista frenético que, como señaló G. K. Chesterton, trata de meter los cielos en su cabeza. Él es el dichoso siervo de Cristo a quien se le ha concedido el privilegio de asomar un poco su cabeza en los cielos. Yo me deleito en escuchar y aprender. Me deleito en encontrarme allí con él.

17

Una comprensión global del sufrimiento y un corazón empático

Pablo no era ingenuo respecto a la inmensidad de la miseria humana y del sufrimiento en el mundo. Y la explicación que dio, al investigar este misterio, fue tanto personal en su aplicación a los cristianos en el sentido individual, como universal en su alcance cósmico redentor.

Rara vez uno encuentra a alguien capaz de hablar con sentido acerca del sufrimiento a un nivel muy personal de dolor y de pérdida, y también al nivel cósmico de por qué el universo es como es. Al parecer, la mayoría de las personas están programadas, ya sea para actuar como un consejero sabio que puede aplicar la bondad y el poder de Dios a la necesidad individual, o a pensar de manera global acerca de por qué el mundo entero está, a pesar de su belleza, plagado de horrendas calamidades. Encontrar ambas en una sola persona es algo inusual y hermoso. Pablo era esa clase de persona.

Enseñar a los nuevos creyentes a sufrir

Pocas semanas después de fundar una nueva iglesia y de nombrar sus líderes, Pablo preparaba a los nuevos creyentes para sufrir.

> Después de anunciar el evangelio... volvieron a Listra, a Iconio y a Antioquía, confirmando los ánimos de los discípulos, exhortándoles a que permaneciesen en la fe, y diciéndoles: *Es necesario que a través de muchas tribulaciones entremos en el reino de Dios* (Hch. 14:21-22).

Pablo no trató de suavizar las declaraciones que Jesús comunicó a sus seguidores. No usó una táctica de enganche y engaño atrayendo a las personas con la promesa de prosperidad para luego cambiar el tono cuando llegaban los problemas. Él dijo explícitamente: "Todos los que quieren vivir piadosamente en Cristo Jesús padecerán persecución" (2 Ti. 3:12).

Cuando empezaba la tribulación, él les recordaba a los creyentes que no experimentaban algo inusual. No estaban siendo señalados por causa de algún pecado. Estaban experimentando lo que Dios había dispuesto para sus hijos amados. Así que los exhortaba diciéndoles: "nadie se inquiete por estas tribulaciones; porque vosotros mismos sabéis que para esto estamos puestos" (1 Ts. 3:3).

Ver el sufrimiento personal a través de la lente de los propósitos de Dios

Pablo ayudó a las personas a ver su sufrimiento a través de la lente de los buenos propósitos de Dios para su bienestar eterno:

> Nosotros mismos nos gloriamos de vosotros en las iglesias de Dios, por vuestra paciencia y fe en todas vuestras persecuciones y tribulaciones que soportáis. Esto es demostración del justo juicio de Dios, *para que seáis tenidos por dignos del reino de Dios, por el cual asimismo padecéis* (2 Ts. 1:4-5).

Pablo ayudó a creyentes no solo en medio del dolor de la persecución sino en todos sus sufrimientos, ya fuera una enfermedad, un accidente, una pérdida o las cargas normales de la vida. Él explicó que la creación entera gime bajo la vanidad que produjo la caída (Ro. 8:22) y luego añadió que los cristianos no estamos exentos de este gemido:

> Sabemos que toda la creación gime a una, y a una está con dolores de parto hasta ahora; y no sólo ella, sino que también nosotros mismos, que tenemos las primicias del Espíritu, nosotros también gemimos dentro de nosotros mismos, esperando la adopción, la redención de nuestro cuerpo (Ro. 8:22-23).

En otras palabras, los cristianos experimentamos todo tipo de gemidos en este mundo, hasta que Cristo venga a redimir nuestros cuerpos. La vida en el cuerpo, la vida en este mundo caído, incluye gemir. Si confías en Cristo, anímate. Tu sufrimiento no obedece a la ira de Dios contra ti. La muerte de Cristo ha anulado tu condenación por el pecado (Ro. 8:1). Dios no permitirá que seas probado más allá de la gracia que Él te da para soportar (1 Co. 10:13; 2 Co. 9:8). Tu gemir es limitado. La redención viene. "Por la noche durará el lloro, y a la mañana vendrá la alegría" (Sal. 30:5).

¿Por qué gime toda la creación?

Es asombroso que Pablo esté dispuesto no solo a ayudarnos a cada uno de manera individual con nuestro sufrimiento personal presente, sino también con el panorama general de por qué la creación se encuentra en un estado desastroso. Este es el pasaje de su gran carta a los Romanos:

> La creación fue sujetada a vanidad, no por su propia voluntad, sino por causa del que la sujetó en esperanza; porque también la creación misma será libertada de la esclavitud de corrupción, a la libertad gloriosa de los hijos de Dios. Porque sabemos que toda la creación gime a una, y a una está con dolores de parto hasta ahora (Ro. 8:20-22).

Esta sujeción de la creación a la vanidad es una referencia al acto de Dios en el huerto de Edén, después que Adán y Eva rechazaron la bondad, la sabiduría y la autoridad de Dios. Dios cumplió lo que dijo que haría (Gn. 2:17): Introdujo la muerte en el mundo y puso la creación bajo *la esclavitud de corrupción* y *vanidad* generalizada. En otras palabras, el juicio de Dios por el pecado de la rebelión humana fue la ruptura del funcionamiento armónico de la naturaleza. Las cosas funcionan mal. La corrupción y la vanidad atravesaron el orden creado con toda clase de sufrimiento y de muerte.

¿Sufrimiento físico en el mundo a causa de la maldad moral humana?

Podemos arrojar luz sobre el propósito de Dios en esta sujeción de la creación si preguntamos: ¿Por qué cayó el juicio de Dios sobre la creación *física* cuando el pecado fue un acto del *corazón humano*? Mi respuesta es que las miserias físicas de la creación son testigos visibles y patentes de la fealdad moral y la atrocidad del pecado.

Para la mayoría de nosotros, los pecados de nuestro corazón (nuestra inclinación a preferir los regalos de Dios por encima de Dios mismo) no causan una gran agonía en el alma. No sentimos la verdadera indignación del universo, es decir, que el hermoso Creador y Sustentador del mundo sea olvidado y deshonrado. Pero en cuanto sentimos en nuestro cuerpo el dolor, nos llenamos de indignación porque eso suceda.

En otras palabras, Dios sujetó al mundo físico a la corrupción para mostrarnos la atrocidad del pecado en el único punto en el que realmente la sentimos. Toda dolencia y aflicción física debería gritarnos: "Así de horrible es el pecado". Así de grave es nuestra condición delante de Dios. Por eso la redención del mundo no fue barata, sino que costó el precio infinito de la muerte del Hijo de Dios por los pecadores.

Visión global y empatía personal

Es hermoso e inusitado cuando una persona puede ofrecer una explicación global del sufrimiento, y luego echar mano también de su propio sufrimiento personal como un instrumento para consolarnos. Pablo ha hecho esto por mí en muchas ocasiones. Así lo quiso él:

> Pero si somos atribulados, es para vuestra consolación y salvación; o si somos consolados, es para vuestra consolación y salvación, la cual se opera en el sufrir las mismas aflicciones que nosotros también padecemos (2 Co. 1:6).

Yo tomo esto como algo muy personal. Amo a Pablo por la amplitud de su visión global. Y lo amo por convertir su sufrimiento en un instrumento para mi consuelo.

18

El horror del pecado humano, la esperanza del esplendor humano

Pablo tenía una profunda comprensión de la naturaleza humana, no solo en sus formas pecaminosas originales, libertinas y legalistas, sino también en sus capacidades para una belleza redimida y un destino glorioso.

Supongo que todos estaríamos de acuerdo con que hay muchas personas, incluso cristianas, cuya visión de la naturaleza humana es uniformemente desconsoladora y pesimista; y hay otras cuya visión es tan uniformemente optimista que piensan que todos los problemas humanos son el resultado de las circunstancias, no de la naturaleza humana.

La desolación y la belleza de la naturaleza humana

Pablo no cae en ninguna de estas categorías. Él abrazó una visión más negativa de la depravada naturaleza humana de lo que la mayoría de las personas pueden concebir, y una visión más elevada del destino humano de lo que la mayoría de las personas pueden soñar.

Este realismo absoluto acerca de la pecaminosidad humana, combinado con una visión espectacular del esplendor humano, me atrae a la influencia de Pablo. Él no es fácil de catalogar. Justo cuando has leído una palabra pesimista acerca de la maldad humana, ves algún cuadro hermoso que muestra hacia dónde se dirige todo eso.

Lo desolador

Pablo no jugó a los favoritos. Él incluyó a los religiosos, los moralistas y los pobres en el mismo examen de sordera espiritual de los más profanos, inmorales y ricos. Observa las últimas cinco palabras de esta denuncia universal de la naturaleza humana:

> Estabais muertos en vuestros delitos y pecados, en los cuales anduvisteis en otro tiempo... hijos de desobediencia, entre los cuales también todos nosotros vivimos en otro tiempo... éramos por naturaleza hijos de ira, *lo mismo que los demás* (Ef. 2:1-3).

La raíz de nuestro problema no es la ignorancia. Detrás de la ignorancia hay dureza de corazón contra Dios y sus caminos. Cuando yo examino hasta el fondo mi propia pecaminosidad, con la ayuda de Pablo, veo una raíz no de *ignorancia* inocente del bien que debería hacer, sino de dureza contra el bien que *conozco*.

> Teniendo el entendimiento entenebrecido, ajenos de la vida de Dios por la ignorancia que en ellos hay, *por la dureza de su corazón* (Ef. 4:18).

Esta dureza puede manifestarse en el rechazo de la ley de Dios y en la corrupción por impiedad flagrante (Ro. 1:28-32), o en el uso de la ley de Dios para apuntalar mi orgullo religioso y moral (Ro. 2:1-5). Nada escapa a esta enfermedad del pecado. Todos estamos infectados, porque la infección ha pasado a la raza humana desde nuestros primeros padres, que pecaron contra Dios. Esto es lo que se denomina *pecado original*. Pablo lo vio y lo enseñó.

Lo hermoso

Sin embargo, Pablo enseñó asombrosamente que la condición

caída de este mundo es parte de un plan para revertir la miseria del mundo. Por medio de Adán toda la humanidad se volvió pecaminosa, y toda la creación cayó bajo la maldición de la muerte y de un sinfín de sufrimientos. Pero en el momento exacto en que Pablo señala así a Adán, describe a Cristo como el segundo Adán. En Cristo, una nueva humanidad conformada por todos lo que reciben su gracia, sería rescatada de la condenación y heredaría vida eterna.

> Pues si por la transgresión de uno solo reinó la muerte, mucho más reinarán en vida por uno solo, Jesucristo, los que reciben la abundancia de la gracia y del don de la justicia (Ro. 5:17).

En otras palabras, la depravación y la miseria no tendrán la última palabra en este mundo, ni siquiera en el cosmos entero. Dios no creó la humanidad en vano. En Jesucristo, nuestro destino sobrepasa nuestra imaginación. "Cosas que ojo no vio, ni oído oyó, ni han subido en corazón de hombre, son las que Dios ha preparado para los que le aman" (1 Co. 2:9). Es literalmente *inimaginable*.

La creación entera será renovada. No habrá más desastres naturales. No habrá más deterioro ambiental. No habrá más pandemias. Y toda esta restauración de la creación tiene lugar precisamente para la vida y el disfrute de los hijos de Dios, cuyos pecados han sido perdonados en Cristo y han alcanzado la perfección moral por el Espíritu de Dios.

> Porque el anhelo ardiente de la creación es el aguardar la manifestación de *los hijos de Dios*. Porque la creación fue sujetada a vanidad, no por su propia voluntad, sino por causa del que la sujetó en esperanza; porque también la creación misma será libertada de la esclavitud de corrupción, a la libertad gloriosa de *los hijos de Dios* (Ro. 8:19-21).

Hasta que llegue ese día, aquellos que "reciben la abundancia de la gracia y del don de la justicia" (Ro. 5:17) no van a pavonearse con orgullo, sino que aceptarán con humildad que su herencia es absolutamente gratuita e inmerecida, comprada por la sangre de Jesús. Esta es una esperanza grandiosa que inspira humildad:

> Así que, ninguno se gloríe en los hombres; porque todo es vuestro: sea Pablo, sea Apolos, sea Cefas, sea el mundo, sea la vida, sea la muerte, sea lo presente, sea lo por venir, todo es vuestro, y vosotros de Cristo, y Cristo de Dios (1 Co. 3:21-23).

El anillo de verdad

Cuando pienso en la amplitud de la visión de Pablo de la humanidad, con su naturaleza profundamente pecaminosa y su futuro espectacular, algo se activa dentro de mí. Esto tiene el anillo de verdad. Encaja con lo que veo en la historia, con lo que veo en las noticias y con lo que veo en mi propio corazón. No es simplemente el análisis concienzudo de nuestra condición caída. Tampoco es meramente la visión de un futuro glorioso. Es la combinación de ambos, y la persona de Jesucristo como el eje donde todo se inclina de la depravación desesperanzadora a la esperanza gloriosa. Esta visión, y el hombre que la vio, la vivió y sufrió por ella, me resultan absolutamente irresistibles.

19

Mostrar la verdad de la libertad cristiana, pero no de manera simplista

Pablo no simplificó en exceso las complejidades de la libertad y la sumisión cristianas. Él mismo practicó el llamado que dio a todos los cristianos de someterse a las autoridades humanas competentes. Con todo, vivió y predicó la verdad de que solo en Cristo hay verdadera libertad: "Libre de todo y siervo de todos".

La palabra *simplista* existe porque hay tipos de dirección y tipos de explicación que son demasiado simples para dar cuenta de las verdaderas complejidades de la vida. Son *simplistas*. Admiramos a las personas que pueden expresar con sencillez las realidades complejas. Pero no admiramos a los consejeros, predicadores ni maestros *simplistas*. Sencillamente, no parece que vivieran en el mundo real, donde las cosas son, por regla general, muy complicadas. En todas mis lecturas de Pablo a lo largo de los años, él nunca me ha parecido simplista. Un buen ejemplo es la manera como trata juntamente nuestra sumisión a la autoridad con nuestra libertad cristiana.

Ciudadanía en los cielos, ¿y entonces?

Una verdad fundamental de la realidad cristiana es que Dios "nos ha librado de la potestad de las tinieblas, y trasladado al reino de su amado Hijo" (Col. 1:13). Puesto que los cristianos están unidos a Cristo, hay un sentido real de que ya hemos muerto con Él, hemos sido resucitados con Él y ya estamos seguros en el cielo con Él.

> Si, pues, habéis resucitado con Cristo, buscad las cosas de arriba, donde está Cristo sentado a la diestra de Dios. Poned la mira en las cosas de arriba, no en las de la tierra. Porque habéis muerto, y vuestra vida está escondida con Cristo en Dios (Col. 3:1-3).

Pablo extrae esta implicación radical de la unión de los cristianos con Cristo:

> Mas nuestra ciudadanía está en los cielos, de donde también esperamos al Salvador, al Señor Jesucristo; el cual transformará el cuerpo de la humillación nuestra, para que sea semejante al cuerpo de la gloria suya, por el poder con el cual puede también sujetar a sí mismo todas las cosas (Fil. 3:20-21).

Una inferencia simplista de esta realidad sería que los cristianos no tienen responsabilidades para con este mundo y sus instituciones. Esa no es la visión de Pablo. Antes bien, parece que siendo libres del mundo, Dios nos envía de vuelta al mundo para someternos a sus instituciones "por causa del Señor" (1 P. 2:13) o, como dice Pablo, "en el temor de Dios" (Ef. 5:21).

La sumisión en el país, en el trabajo, en la casa

Aunque nuestra ciudadanía está en los cielos, de todos modos debemos asumir el papel de ciudadanos responsables en nuestro propio país: "Sométase toda persona a las autoridades superiores; porque no hay autoridad sino de parte de Dios, y las que hay, por Dios han sido establecidas" (Ro. 13:1). Mira la mano de tu Padre celestial detrás de la mano del gobierno humano, y sométete por causa del Señor.

De igual manera, en la esfera socioeconómica, sométete a las autoridades humanas y convierte tu servicio a ellas en tu servicio a Cristo:

> Siervos, obedeced a vuestros amos terrenales con temor y temblor, con sencillez de vuestro corazón, *como a Cristo*; no sirviendo al ojo, como los que quieren agradar a los hombres, *sino como siervos de Cristo*, de corazón haciendo la voluntad de Dios; sirviendo de buena voluntad, *como al Señor* y no a los hombres (Ef. 6:5-7).

¿No te sorprende cuán entrelazadas están la lealtad a Cristo y las autoridades terrenales? Esto no es simplista. Es complejo y, tarde o temprano, resultará en tensiones, incluso al grado de provocar rupturas.

Lo mismo se aplica en el hogar: "Las casadas estén sujetas a sus propios maridos, *como al Señor*" (Ef. 5:22). "Hijos, obedeced *en el Señor* a vuestros padres, porque esto es justo" (Ef. 6:1).

Siempre libres y siempre sirviendo

Por cierto, ya que Cristo vino, murió y resucitó para reinar sobre el mundo, nuestra absoluta lealtad a Él relativiza todas las demás lealtades. Es decir, en última instancia, en todas las demás relaciones servimos *su* llamado, no el de las demás. Esto significa que dondequiera que esas relaciones contradigan lo que Él nos llama hacer, su autoridad tiene precedencia.

En un sentido real, somos libres de estas instituciones, aun en tanto que nos sometemos a ellas. Así lo expresa Pablo:

> ¿Fuiste llamado siendo esclavo? No te dé cuidado; pero también, si puedes hacerte libre, procúralo más. Porque el que en el Señor fue llamado siendo esclavo, *liberto es del Señor*; asimismo el que fue llamado siendo libre, *esclavo es de Cristo*. Por precio fuisteis comprados; *no os hagáis esclavos de los hombres* (1 Co. 7:21-23).

Y de nuevo: "No sois vuestros... Porque habéis sido comprados por precio; glorificad, pues, a Dios en vuestro cuerpo" (1 Co. 6:19-20). Cristo nos compró con su propia sangre (Hch. 20:28). Por lo tanto, somos suyos. Por ende, todas las demás exigencias en nuestra vida son secundarias. Seguimos en ellas conforme al llamado de Cristo y por causa de Él, no porque tengan un derecho intrínseco sobre nosotros.

Cristo te ha liberado para libertad

Esta libertad cristiana llega a la esencia de lo que somos como pueblo de Cristo. Va más allá de la libertad de las instituciones. Es también la libertad de la ley de Dios como una manera de justificarse con Dios. Cuando Cristo murió por nosotros, Él pagó el castigo que la ley de Dios exigía por nuestra culpa (Ro. 5:8-9; 8:3). Y Él cumplió toda la obediencia que exigía la ley por cuenta de nuestra justicia (Ro. 5:19). Por lo tanto, ¡somos libres! Y no volvemos a guardar la ley como forma de justificarnos con Dios. Cuando hacemos lo que Dios ordena, lo hacemos porque ya estamos justificados con Dios por medio de la fe en Cristo, no para justificarnos. Entonces Pablo dice:

> Estad, pues, firmes en la libertad con que Cristo nos hizo libres, y no estéis otra vez sujetos al yugo de esclavitud. He aquí, yo Pablo os digo que si os circuncidáis [observancia de la ley], de nada os aprovechará Cristo. Y otra vez testifico a todo hombre que se circuncida, que está obligado a guardar toda la ley (Gá. 5:1-3).

Él conoce el camino del amor

De modo que somos libres de la ley de Dios y libres de las instituciones del mundo, aun de las que son instituidas por Dios (e.g. estado, negocio, hogar). Cristo es nuestro dueño y somos suyos. Él es nuestro comandante y protector absoluto. Si Él nos llama a someternos a cualquier ley o institución, lo hacemos. No porque la institución sea absoluta. Tampoco porque observar la ley nos justifique delante de Dios. Lo hacemos porque creemos que Cristo conoce el camino del amor mejor que nosotros. A esto aluden las asombrosas palabras de Pablo: "Por lo cual, siendo libre de todos, me he hecho siervo de todos para ganar a mayor número" (1 Co. 9:19).

Quizás esto te permita degustar un poco lo que quiero decir cuando afirmo que Pablo no es simplista. Los cristianos son libres, gloriosamente libres en Cristo. Sin embargo, a los ojos del mundo, nuestra vida puede parecer más bien la de simples siervos, que subordinan constantemente sus propias comodidades para suplir las necesidades de otros. "No mirando cada uno por lo suyo propio, sino cada cual también por lo de los otros" (Fil. 2:4). En cambio, a los ojos de Dios, esta vida de amor y servicio es la vida más libre de todas. No es una realidad simplista. Pero es hermosa, y fluye directamente de la cruz de Cristo. Amo a Pablo por permitirme saborear esta compleja belleza.

PARTE 5

UNA PASIÓN PERSONAL POR LA VALIOSA COMUNIDAD

20

No está solo en la cima, sino en comunión con amigos queridos

Los vínculos personales de Pablo eran notables, especialmente considerando lo poco que vio a algunos de sus amigos y cuán elevados eran sus pensamientos y su posición en la iglesia.

Ya conoces el dicho "la cima es un lugar solitario". Esto quiere decir que los directores generales, los pastores principales, los líderes de organizaciones no gubernamentales, los políticos en posiciones de gran autoridad, los académicos en la cúspide de su área de estudio, los deportistas, actores y músicos reconocidos por millones de personas viven en una atmósfera enrarecida que las aísla de relaciones reales, tranquilas, transparentes y recíprocas.

Esto puede deberse en parte a la manera como los empleados o seguidores ponen al líder en un pedestal inalcanzable, y puede deberse en parte a los líderes mismos que actúan como si estuvieran en ese pedestal como parte de su imagen y poder. Puede deberse a la experiencia de asombro de las personas y la percepción de una actitud distante, y también puede deberse a la agenda autoimpuesta del líder que no deja lugar para cultivar relaciones. Puede deberse a una sensación intimidante (real o percibida), y puede deberse a la personalidad del líder que se siente cómodo con las presiones y la ocupación e incómodo con la cotidianidad personal, al punto que prescinde de estructuras de autoridad y metas de productividad.

Poder sin pretensiones

En medio de todo eso aparece el líder singular que te mira a los ojos y recuerda tu nombre, te hace preguntas acerca de tu vida, se agacha para hablar con tus hijos y no se preocupa por la mancha que tiene en su camisa y que ocurrió en el almuerzo. Te maravilla cómo ejerce su poder sin pretensiones. Te agrada.

Todos sabían que Pablo ostentaba una autoridad extraordinaria en las iglesias. Estaba en la cima. Otros apóstoles tenían una autoridad similar, pero nadie poseía más que él. Nadie tenía dones mayores. Puedes sentir el poder que ejerce cuando dice en 1 Corintios 14:37-38:

> Si alguno se cree profeta, o espiritual, reconozca que lo que os escribo son mandamientos del Señor. Mas el que ignora, ignore.

Esta declaración sería arrogante si el Señor del universo, Jesucristo, no hubiera llamado y enviado a Pablo como su embajador (Hch. 26:16-18). Sería arrogante aun si Pablo hubiera usado ese poder para enseñorearse de las iglesias. En lugar de eso, era profundamente consciente, como dice en 2 Corintios 10:8, de que la suya era una "autoridad, la cual el Señor nos dio para edificación y no para vuestra destrucción".

A partir de esa profunda convicción, él dijo: "No que nos enseñoreemos de vuestra fe, sino que colaboramos para vuestro gozo" (2 Co. 1:24). Él no ansiaba que las personas se dieran cuenta de su poder. De hecho, él dijo: "ténganos los hombres por servidores [literalmente *esclavos*] de Cristo, y administradores de los misterios de Dios" (1 Co. 4:1).

Un gigante amigable

No obstante, Pablo se movía entre las iglesias como un gigante, lo cual hace su capacidad de entablar relaciones aun más admirable. Considera un ejemplo, concretamente, el capítulo final de su carta más notable, Romanos. Echa un vistazo a sus saludos personales:

> Saludad a Epeneto, amado mío, que es el primer fruto de Acaya para Cristo. Saludad a María, la cual ha trabajado mucho entre vosotros. Saludad a Andrónico y a Junias, mis parientes y mis compañeros de prisiones, los cuales son muy estimados entre los apóstoles, y que también fueron antes de mí en Cristo. Saludad a Amplias, amado mío en el Señor. Saludad a Urbano, nuestro colaborador en Cristo Jesús, y a Estaquis, amado mío. Saludad a Apeles, aprobado en Cristo. Saludad a los de la casa de Aristóbulo. Saludad a Herodión, mi pariente. Saludad a los de la casa de Narciso, los cuales están en el Señor. Saludad a Trifena y a Trifosa, las cuales trabajan en el Señor. Saludad a la amada Pérsida, la cual ha trabajado mucho en el Señor. Saludad a Rufo, escogido en el Señor, y a su madre y mía. Saludad a Asíncrito, a Flegonte, a Hermas, a Patrobas, a Hermes y a los hermanos que están con ellos. Saludad a Filólogo, a Julia, a Nereo y a su hermana, a Olimpas y a todos los santos que están con ellos. Saludaos los unos a los otros con ósculo santo. Os saludan todas las iglesias de Cristo (Ro. 16:5-16).

En dieciséis ocasiones, a lo largo de doce versículos, dice "saludad". Todo saludo involucra por lo menos a tres personas. En este caso, está Pablo, los destinatarios de su carta y la persona o grupo al que desea saludar. ¿Qué sucede en esta interacción compuesta de tres partes? Hay algo que un intermediario lleva consigo, algo que procede de Pablo y que va dirigido a un tercero. ¿Qué lleva? Sí, un saludo. Pero ¿qué propósito tiene un saludo? El propósito de un saludo es expresar *amor*.

Cuatro veces dice explícitamente "amados" (vv. 5, 8, 9, 12). Pablo ama a estas personas. De eso se trata este pasaje. Pablo está diciendo: "Amo a estas personas y quiero que comuniques este amor desde mi corazón al corazón de ellos. Así que te pido que lleves estas palabras que escribo y las conviertas en el frasco con el que derramas mi amor en sus vidas, para estos veintiséis amigos".

¿Qué líder es como él?

Asombroso. Yo *nunca* he escrito una carta parecida. Nunca le he pedido a un amigo que salude a veintiséis personas de mi parte. Tampoco he *leído* jamás algo parecido en una biografía o autobiografía. Esta capacidad de conectar con otros es muy escasa. En el líder cristiano más influyente del primer siglo, el hombre en la cima, vemos una capacidad de conectar con otras personas que nos deja maravillados. ¡Él ni siquiera había estado en Roma, el lugar donde vivían todas estas personas! Las había conocido en otro lugar, pero había hecho seguimiento de sus viajes y conocía su situación.

He aquí un hombre que no permitió que su autoridad ni su elevado estatus asfixiaran los afectos que sentía por estos amigos. Cuando se lee este capítulo final de Romanos (con todo y sus pensamientos sublimes acerca de Dios), es inevitable no sentir cuán preciosos eran estos amigos para Pablo. No se trataba de política. Era afecto personal y amor. Es la clase de amor que dos mil años más tarde inspira en nosotros lo mismo, por él.

21

Cristo bastaba y la comunidad era vital

A pesar de toda la autoridad y la estima de las que Pablo gozaba en la iglesia primitiva, y a pesar de todas las expectativas de que él supliera las necesidades espirituales de otros, Pablo practicó lo que predicó cuando dijo que ningún cristiano puede decir a otros: "No te necesito". Él anhelaba el aliento y la fortaleza que recibía de los demás.

En sus trece cartas del Nuevo Testamento, Pablo se refiere a sí mismo en dieciséis ocasiones como un apóstol de Jesús. Después de Jesús mismo, este era el mayor título de autoridad que existía en la iglesia primitiva (1 Co. 14:37-38), pero también daba a entender que Pablo se entregaría por completo y se sacrificaría por el bien de las iglesias. La autoridad no era para enseñorearse de las iglesias, sino para servirlas y edificarlas, a un costo elevadísimo para los apóstoles.

Autoritativo y necesario

Pablo era una autoridad por oficio, pero un siervo por función. Y el servicio era agotador:

> Y aunque sea derramado en libación sobre el sacrificio y servicio de vuestra fe, me gozo y regocijo con todos vosotros (Fil. 2:17).

> Y yo con el mayor placer... me gastaré del todo por amor de vuestras almas (2 Co. 12:15).
>
> Me gozo en lo que padezco por vosotros, y cumplo en mi carne lo que falta de las aflicciones de Cristo por su cuerpo, que es la iglesia (Col. 1:24).
>
> Tan grande es nuestro afecto por vosotros, que hubiéramos querido entregaros no sólo el evangelio de Dios, sino también nuestras propias vidas; porque habéis llegado a sernos muy queridos (1 Ts. 2:8).
>
> Por tanto, todo lo soporto por amor de los escogidos, para que ellos también obtengan la salvación que es en Cristo Jesús con gloria eterna (2 Ti. 2:10).

En otras palabras, Cristo llamó a sus apóstoles para que suplieran la necesidades de otros. El centro de atención de un apóstol no es su propia necesidad de otros, sino la necesidad que tienen los demás de él. Su autoridad había sido dada para edificar a otros (2 Co. 10:8; 13:10), no para lograr que otros lo sirvieran. Un apóstol dependía de Jesús, tanto para recibir su autoridad como fortaleza. "Todo lo puedo en Cristo que me fortalece" (Fil. 4:13).

¿Individualismo o interdependencia?

Pareciera existir algo admirable en una persona que depende de Cristo y que puede dar a otros continuamente sin recibir nada a cambio. En un sentido, esto hace ver bien a Cristo. Lo hace ver como Alguien que es suficiente para suplir todo lo que su siervo necesita.

Sin embargo, no es así como Cristo ha establecido su iglesia. Él no dispuso que cada seguidor fuera un individuo robusto e independiente sin necesidad de ningún simple humano porque recibe todos sus recursos directamente de Cristo. Podría parecer que esto exalta a Cristo, pero no es así. Esto es lo que Pablo enseñó a los corintios acerca de la interdependencia en el cuerpo de Cristo:

> Mas ahora Dios ha colocado los miembros cada uno de ellos en el cuerpo, como él quiso. Porque si todos fueran un solo miembro, ¿dónde estaría el cuerpo? Pero ahora son muchos los miembros, pero el cuerpo es uno solo. Ni el ojo puede decir a la mano: No te necesito, ni tampoco la cabeza a los pies: No tengo necesidad de vosotros. Antes bien los miembros del cuerpo que parecen más débiles, son los más necesarios (1 Co. 12:18-22).

Pablo se incluyó a sí mismo en la interdependencia

De modo que ningún cristiano puede decir a otro: "No te necesito". Eso incluye a Pablo. Los apóstoles son parte del cuerpo, lo mismo que todos los demás. Cristo ha escogido glorificarse como la cabeza del cuerpo. Es decir, Él será el líder supremo que decide y suple todas las cosas, no directamente sino por medio de los miembros de su cuerpo y extendiéndose a los otros miembros del cuerpo:

> Crezcamos en todo en aquel que es la cabeza, esto es, Cristo, de quien todo el cuerpo, bien concertado y unido entre sí por todas las coyunturas que se ayudan mutuamente, según la actividad propia de cada miembro, recibe su crecimiento para ir edificándose en amor (Ef. 4:15-16).

Cuán fácil sería imaginar a un hombre de gran autoridad, poder y estima pensando que él mismo está por encima de los recursos habituales de la gracia que, según él, todos los demás necesitan. Pero Pablo no es así. Él no se avergüenza de expresar su necesidad de otros cristianos:

> Porque deseo veros, para comunicaros algún don espiritual, a fin de que seáis confirmados; esto es, para ser mutuamente confortados por la fe que nos es común a vosotros y a mí (Ro. 1:11-12).
>
> Cuando vaya a España, iré a vosotros; porque espero veros al pasar, y ser encaminado allá por vosotros, una vez que haya gozado con vosotros (Ro. 15:24).

> Pero nosotros, hermanos, separados de vosotros por un poco de tiempo, de vista pero no de corazón, tanto más procuramos con mucho deseo ver vuestro rostro... Porque ¿cuál es nuestra esperanza, o gozo, o corona de que me gloríe? ¿No lo sois vosotros, delante de nuestro Señor Jesucristo, en su venida? Vosotros sois nuestra gloria y gozo (1 Ts. 2:17-20).
>
> Porque si yo os contristo, ¿quién será luego el que me alegre, sino aquel a quien yo contristé? (2 Co. 2:2).
>
> Deseando verte, al acordarme de tus lágrimas, para llenarme de gozo (2 Ti. 1:4).

Una medida de la grandeza de un hombre no es solo que practique lo que predica, sino que además no se considere a sí mismo como estando por encima de los recursos de la gracia que todos los cristianos necesitan, lo cual incluye la comunión con otros creyentes. Pablo lleva sin pretensiones su autoridad, poder y reputación, y reconoce libremente su necesidad del refrigerio que Cristo provee por medio de otros creyentes. Sus mandamientos son aún más imperiosos por cuanto él mismo los cumple. Su humilde necesidad de la amistad y del compañerismo de otros, y su deleite personal en ello, lo hace aún más encantador.

22

Un pilar, contundente y bellamente positivo

Pablo podía manifestar el afecto más entrañable en su trato con sus iglesias sin perder la capacidad de ser absolutamente sincero y enérgico cuando era necesario.

La mayoría de nosotros conoce a personas que son sinceras. A veces su sinceridad se convierte en aspereza y crueldad. Cuando esto sucede con suficiente frecuencia, podemos sentir que tienen un desorden de personalidad, porque parecen incapaces de expresar emociones, aparte de frustración y enojo. Comunican muy poca afirmación positiva y no elogian en absoluto. Apenas si expresan de manera espontánea la clase de gozo despreocupado que simplemente se deja llevar por alguna experiencia maravillosa.

Por otro lado, la mayoría de nosotros conoce personas que son siempre alegres, que sonríen todo el tiempo, que siempre tienen a flor de labios un elogio, una palabra suave y amable. Esto nos asombra. Parece maravilloso y bíblico. Pero luego, con el tiempo, sentimos que algo está mal. Estas personas parecieran no notar las faltas que otros cometen. Parece que nunca llevaran registro de los males e injusticias en la sociedad. Callan cuando otros luchan con un asunto moral complicado. No expresan su opinión frente a un asunto de disciplina eclesial, cuando un miembro de la iglesia es culpable de una ofensa sin arrepentimiento. Parecen incapaces de estar en desacuerdo con alguien, de corregir o de amonestar. Solo son positivas o callan.

Lo que en un principio nos pareció un rasgo hermoso de bondad empieza a parecer una marca desequilibrada de inseguridad. Una falta de convicción o de temple moral. Un miedo al conflicto. Un afán para que todo sea tranquilo y positivo. Una necesidad de agradar a los demás y un miedo escondido a ser criticado o rechazado. Y poco a poco nos damos cuenta de que hay algo malsano detrás de esa cara sonriente.

Generoso para afirmar, directo en la crítica

Lo que queremos ver en otros y lo que deseamos tener en nosotros mismos es una integridad que pueda ser sincera y enérgica, que tome medidas correctivas, pero que también posea un patrón de comportamiento que anima, afirma y es amable. Las expresiones de enojo son comunes y cotidianas en nuestro mundo. La mayoría de las personas son capaces de expresar enojo. Sin embargo, lo que buscamos es una amabilidad predominante que sea capaz de expresar por igual emociones positivas como gratitud, admiración, expectativa esperanzadora y exultación por las nuevas noticias, una empatía sincera y dolor por las malas noticias.

Pablo era una de esas personas que son generosas en sus elogios y directo en sus críticas. Por ejemplo, la iglesia en Corinto era una iglesia con problemas, conflictos entre sus líderes, asuntos disciplinarios, cuestiones con la comida ofrecida a ídolos paganos, la cena del Señor, el papel de las mujeres en la adoración, el uso de los dones espirituales, entre otros. En pocas palabras, la iglesia le daba a Pablo dolores de cabeza con tantas preocupaciones (2 Co. 11:28). Sin embargo, observa lo que dice en su párrafo introductorio de su primera carta a los Corintios.

> Gracias doy a mi Dios siempre por vosotros, por la gracia de Dios que os fue dada en Cristo Jesús; porque en todas las cosas fuisteis enriquecidos en él, en toda palabra y en toda ciencia; así como el testimonio acerca de Cristo ha sido confirmado

> en vosotros, de tal manera que nada os falta en ningún don, esperando la manifestación de nuestro Señor Jesucristo; el cual también os confirmará hasta el fin, para que seáis irreprensibles en el día de nuestro Señor Jesucristo. Fiel es Dios, por el cual fuisteis llamados a la comunión con su Hijo Jesucristo nuestro Señor (1 Co. 1:4-9).

Pablo expresó esta clase de afirmación vigorosa no solo en sus cartas. Todos sabemos que algunas personas pueden *escribir* palabras amables, mientras que *en persona* son torpes emocionalmente. Pablo podía ser tan cálido y expresivo emocionalmente en persona como lo era en sus cartas. Por ejemplo, él escribe a la iglesia tesalónica:

> Antes fuimos tiernos entre vosotros, como la nodriza que cuida con ternura a sus propios hijos. Tan grande es nuestro afecto por vosotros, que hubiéramos querido entregaros no sólo el evangelio de Dios, sino también nuestras propias vidas; porque habéis llegado a sernos muy queridos (1 Ts. 2:7-8).

Con todo, llegado el momento, Pablo podía ser absolutamente categórico y contundente en sus amonestaciones. Por ejemplo, después de una cálida primera parte en la que elogia a los corintios, Pablo pasa a decirles: "al anunciaros esto que sigue, no os alabo" (1 Co. 11:17). Esto es claro, directo y tajante.

Tajante, conciso, compasivo

Pablo era muy consciente de los límites de la reprensión y la corrección. Este tratamiento debía ser breve y redentor, en la medida de lo posible. Escucha su preocupación por un hermano que recibía disciplina, la cual Pablo mismo había alentado:

> Le basta a tal persona esta reprensión hecha por muchos; así que, al contrario, vosotros más bien debéis perdonarle y consolarle, para que no sea consumido de demasiada tristeza.

> Por lo cual os ruego que confirméis el amor para con él (2 Co. 2:6-8).

Hermoso. Pero más hermoso aún porque Pablo tuvo el temple moral y la capacidad emocional de decir "no os alabo" y "gracias doy a mi Dios siempre por vosotros... el cual también os confirmará hasta el fin". Esta vigorosa expresión emocional equilibrada inspira en mi corazón admiración y amor por este hombre extraordinario.

23

Su celo por la exactitud del evangelio, lento para ofenderse

A pesar del serio compromiso de Pablo con la exactitud del evangelio, él era notablemente tolerante con quienes predicaban el verdadero evangelio por los motivos equivocados, incluso con quienes querían hacerle daño.

Yo no entiendo todo acerca de Pablo. Reconozco que hasta ahora siento primordialmente admiración por él, pero también me ha dejado desconcertado. Permíteme explicar por qué.

Enojado y perplejo

Gálatas es la epístola más drástica de Pablo. Al parecer, él está muy enojado, no con los creyentes en Galacia, sino con aquellos que habían venido de Jerusalén y enseñaban un evangelio diferente que aparentaba honrar a Cristo, pero que Pablo identifica como ineficaz para salvar al alma pecadora. Con los creyentes está más perplejo que enojado:

> ¡Oh gálatas insensatos! ¿quién os fascinó para no obedecer a la verdad, a vosotros ante cuyos ojos Jesucristo fue ya presentado claramente entre vosotros como crucificado... ¿Tantas cosas habéis padecido en vano? si es que realmente fue en vano... ¿cómo es que os volvéis de nuevo a los débiles y pobres

> rudimentos, a los cuales os queréis volver a esclavizar? Guardáis los días, los meses, los tiempos y los años. Me temo de vosotros, que haya trabajado en vano con vosotros (Gá. 3:1, 4; 4:9-11).

En cambio, Pablo no se siente desconcertado por lo que hacen los falsos maestros que engañaban a los creyentes. Está enojado. Él diría, sin lugar a dudas: "Si un lobo está dispersando a las ovejas, hay que enojarse con el lobo, no con las ovejas". He aquí uno de los apartes más duros:

> Estoy maravillado de que tan pronto os hayáis alejado del que os llamó por la gracia de Cristo, para seguir un evangelio diferente. No que haya otro, sino que hay algunos que os perturban y quieren pervertir el evangelio de Cristo. Mas si aun nosotros, o un ángel del cielo, os anunciare otro evangelio diferente del que os hemos anunciado, sea anatema. Como antes hemos dicho, también ahora lo repito: Si alguno os predica diferente evangelio del que habéis recibido, sea anatema (Gá. 1:6-9).

Pablo no tiene por costumbre lanzar una maldición contra los falsos maestros. Este pasaje es el más severo. Sin el evangelio, las personas van a perecer. Estas personas están desvirtuando el evangelio. Por lo tanto, están destruyendo a las personas. Pablo dice que lo que va a sobrevenirles es destrucción, si persisten en pervertir el evangelio de Cristo.

Gozoso por la predicación de predicadores sin amor

Ahora consideremos y examinemos otra situación en la que los adversarios de Pablo están predicando a los cristianos. Su respuesta sorprende por lo inusual. ¿Por qué? Él está encarcelado en Roma cuando escribe la carta a los Filipenses. Él quiere animarlos diciéndoles que Dios puede usar incluso la prisión para el progreso del evangelio. Entonces señala: "Y la mayoría de los hermanos, cobrando ánimo en el Señor con mis prisiones, se atreven mucho más a hablar la palabra sin temor" (Fil. 1:14). Hasta ahí todo está bien. Eso es definitivamente muy alentador. Entonces añade lo siguiente:

> Algunos, a la verdad, predican a Cristo por envidia y contienda; pero otros de buena voluntad. Los unos anuncian a Cristo por contención, no sinceramente, pensando añadir aflicción a mis prisiones; pero los otros por amor, sabiendo que estoy puesto para la defensa del evangelio. ¿Qué, pues? Que no obstante, de todas maneras, o por pretexto o por verdad, Cristo es anunciado; y en esto me gozo, y me gozaré aún (Fil. 1:15-18).

De modo que en Galacia las personas están predicando un evangelio diferente, uno que condiciona la justificación al cumplimiento de la ley, mas no a recibir a Cristo solamente por la fe, y Pablo expresa un celo tal por la seguridad de los creyentes que lanza una maldición contra los falsos maestros. Por el contrario, aquí en Filipenses, cuando Pablo se entera acerca de predicadores que no lo aman y que quieren atormentarlo en prisión, en lugar de maldecirlos dice: "Cristo es anunciado, y en esto me gozo".

Lo que me parece admirable de esto es que el enojo de Pablo en Gálatas no es la expresión de un resentimiento personal, sino del amor por las ovejas que están en medio de lobos. Sabemos que no se trata de resentimiento personal porque la situación de los filipenses sí plantea realmente una oportunidad para esa clase de sentimiento, pero Pablo no abriga tal cosa. Él se regocija.

Exaltación de la exactitud, no de la irritabilidad

De manera que la diferencia entre las dos situaciones muestra realmente que Pablo es un hombre maravillosamente centrado en principios que no se irrita fácilmente frente a las ofensas personales. Los falsos maestros de Galacia estaban destruyendo la vida de las personas al pervertir el evangelio mismo. Los pillos filipenses estaban predicando el evangelio exacto que Pablo predicaba (al menos él no planteó objeciones), pero lo hacían precisamente porque él no podía hacerlo, y querían provocarlo. Esto es algo que Pablo podía manejar. Lo que importaba era la pureza del evangelio, no que sus sentimientos fueran heridos.

Me fascina ver esta clase de respuesta basada en principios en Gálatas y en Filipenses. Yo quiero ser igualmente celoso de la exactitud del evangelio, y libre de egocentrismo.

¿Acaso no importa predicar sin amor?

Lo que me desconcierta es que Pablo pareciera ignorar la pecaminosidad de los predicadores en Roma. Es cierto que no estaban distorsionando el evangelio en su predicación, pero estaban distorsionándolo con sus actitudes. ¿Qué debemos pensar de esto? ¿Acaso no importan también las acciones y las actitudes en la presentación del evangelio, y no solamente las palabras correctas? En Gálatas, vemos que Pedro "no [andaba] rectamente conforme a la verdad del evangelio" (Gá. 2:14), y en Roma, las actitudes carentes de amor de los pastores no andaban rectamente con la verdad del evangelio.

Tengo dos sugerencias para responder a esta pregunta. Una es que Pablo realmente piensa que cuando el mensaje del evangelio como tal es erróneo, todo el bien que se diga del predicador se vuelve irrelevante. Pablo dice que hasta un ángel del cielo, con toda su perfección moral, sería incapaz de salvar una sola alma con un evangelio corrompido (Gá. 1:8).

Por otro lado, un predicador hostil, resentido e inmaduro que predica un evangelio exacto y verdadero de la gracia de Dios, puede ser un instrumento de salvación. No podemos pasar por alto lo que esto infiere. Pablo realmente piensa que la salvación se desvirtúa más por un evangelio corrupto que por un predicador corrupto.

Pablo cambia el curso con una claridad abrumadora frente a su pecado

Por otro lado, la segunda sugerencia que tengo es que Pablo no era indiferente a las actitudes de los adversarios en la epístola a los Filipenses. Casi cada frase de la carta incluye una reprensión por su egoísmo. Por ejemplo:

> Nada hagáis por contienda o por vanagloria; antes bien con humildad, estimando cada uno a los demás como superiores a él mismo; no mirando cada uno por lo suyo propio, sino cada cual también por lo de los otros (Fil. 2:3-4).

Este es el giro completo de la carta, lo cual significa que Pablo tomó una decisión táctica en Filipenses 1 cuando menciona a los adversarios que querían afligirlo en su encarcelamiento. En lugar de detenerse para corregirlos, que no era para nada el asunto en cuestión, él se eleva a las alturas de la paciencia y de la gracia, y luego da un giro para mostrar cuán equivocadas eran las actitudes de los adversarios. De esta manera él espera, quizá, ganarlos más con la exhortación indirecta que directa.

Escritura exigente, sabiduría pastoral

Así pues, cuanto más medito en el manejo que da Pablo a la situación de los gálatas (sugerida en la epístola a los Gálatas), y a la situación de los romanos (sugerida en la epístola a los Filipenses), más me lleva a admirarlo. Él era, en efecto, celoso de la exactitud del evangelio, y estaba igualmente preocupado por el amor, la humildad y la bondad conforme al evangelio. Su manera peculiar de responder a ambas no es una señal de incoherencia, sino de sabiduría pastoral.

Debo reconocer que mi amor por Pablo obedece en parte al hecho de que, cada vez que me desconcierta, la reflexión posterior suele arrojar respuestas y una comprensión más profunda. Pablo es un pensador y escritor muy exigente. Yo admiro esto, aunque con frecuencia me desconcierte, al menos en un principio. A esto se añade además su sabiduría pastoral que guía su mente exigente para el logro de los propósitos de la gracia. Todo esto está presente en Filipenses. El resultado para mí es una mezcla de admiración y afecto. En otras palabras, lo amo por eso.

24

Ni camaleón que se conforma, ni ministro inconforme

> Aunque Pablo estaba motivado por una ambición extraordinaria de "predicar el evangelio... no donde Cristo ya hubiese sido nombrado", no era el tipo de líder solitario. Él creía en los equipos y nunca se propuso viajar solo ni hacer su trabajo misionero fuera del contexto de una comunidad cristiana que lo apoyaba.

En nuestros tiempos modernos, me refiero a los últimos trescientos años, vivimos enamorados del héroe fuerte, independiente, autosuficiente y dominante que lleva a cabo grandes hazañas contra todo pronóstico y con poca ayuda de otros. Hay algunas virtudes bíblicas que corresponden a esa vida heroica. Sin embargo, en su conjunto, no es la clase de vida que Pablo elogió o alentó en otros, ni de la cual fue ejemplo.

"De dos en dos", el principio de los equipos

Aun desde la perspectiva bíblica, nadie admira a un camaleón que carece de su propia identidad y en cambio sigue el camino de la conveniencia para ajustarse a las expectativas de quien sea con quien se encuentra, sin importar cuán dudoso sea. O, para cambiar la imagen del animal, a nadie le atrae una persona que parece más una medusa que un delfín. No es admirable alguien que flota, se deja llevar y carece de una columna vertebral que le permita nadar contra la corriente del mal.

Pablo no era un camaleón. Los camaleones no son apedreados, azotados, encarcelados ni martirizados. Son personas que se conforman. Por otro lado, Pablo tampoco era un inconforme. No era la clase de espíritu libre que decía: "¡Qué mala suerte! Les guste o no, voy a España".

Cuando estudias los viajes misioneros de Pablo, parece que él se tomó muy en serio la práctica de Jesús de enviar a sus discípulos por parejas en sus viajes. Jesús ratificó y Pablo abrazó el principio de los equipos misioneros. Jesús había enviado sus doce apóstoles "de dos en dos" (Mr. 6:7). Incluso cuando envió un mayor número de obreros, hizo lo mismo: "Designó el Señor también a otros setenta, a quienes envió de dos en dos delante de él a toda la ciudad y lugar donde él había de ir" (Lc. 10:1). Con esto, Jesús desalentó la visión del aventurero independiente y temerario que conquista el mundo por sí solo.

La decisión de nunca estar solo en el ministerio

En el ministerio de Pablo, según leemos en sus cartas y en el libro de Hechos, él siempre viajó y ministró con otros. Cuando se analizan de cerca, las ocasiones que parecieran excepciones solo confirman la regla.

Por ejemplo, Pablo, Silas y Timoteo estaban ministrando juntos en Tesalónica. Cuando parecía que la gente iba a organizar una revuelta, Pablo y Silas se fueron a Berea, una ciudad cercana. A pesar de eso, los alborotadores los siguieron hasta allá. El peligro se volvió tan serio que Pablo fue enviado *solo* a Atenas en barco (Hch. 17:13-14).

Sin embargo, Lucas, el autor del libro de Hechos, se cuida de relatar la reacción de Pablo en el momento de su partida: "Y los que se habían encargado de conducir a Pablo le llevaron a Atenas; y *habiendo recibido orden para Silas y Timoteo, de que viniesen a él lo más pronto que pudiesen*, salieron" (Hch. 17:15). En otras palabras, Pablo estuvo dispuesto, bajo presión, a ser enviado lejos para proteger su vida, pero no es la manera en que él se propuso cumplir su obra, y ordenó el envío inmediato de sus compañeros de ministerio.

Otro ejemplo es cuando Pablo y su antiguo compañero Bernabé no pudieron ponerse de acuerdo acerca de si llevar o no en su viaje a Juan Marcos, quien los había dejado en un viaje anterior. Pablo dijo que no. Bernabé dijo que sí. Lucas, con dolor y franqueza, reporta el desacuerdo:

> Y hubo tal desacuerdo entre ellos, que se separaron el uno del otro; Bernabé, tomando a Marcos, navegó a Chipre, y Pablo, escogiendo a Silas, salió encomendado por los hermanos a la gracia del Señor (Hch. 15:39-40).

En otras palabras, aunque el desacuerdo dividió a un equipo misionero, ni Bernabé ni Pablo tenían intención alguna de emprender la obra sin un compañero. Ambos estaban comprometidos a llevar a cabo el ministerio en equipo con otro.

Aun los poderosos delfines nadan en grupo

Cuando examino mi propio corazón y mi inclinación personal a admirar a los individualistas rudos, me doy cuenta de que estos héroes solitarios demuestran una clase de valor y convicción que son dignas de admirar. Es imposible ser un cristiano maduro y fructífero y no poseer estas características. Sin embargo, reconozco igualmente que admiro aún más ese valor, convicción e independencia de la cultura, como es característico del delfín, cuando este nada en dulce compañerismo con otros creyentes. La fortaleza necesaria para resistir la cultura pecaminosa es aún más hermosa cuando es lo bastante tierna para recibir el aliento de otro creyente. Pablo era más resistente, valiente y fuerte que cualquier hombre que haya conocido jamás. Con todo, observa cómo recibe aliento de uno de sus compañeros, Tito:

> Cuando vinimos a Macedonia, ningún reposo tuvo nuestro cuerpo, sino que en todo fuimos atribulados; de fuera,

> conflictos; de dentro, temores. Pero Dios, que consuela a los humildes, nos consoló con la venida de Tito (2 Co. 7:5-6).

Cuando veo que el gran apóstol que enfrentó sin temor toda clase de peligros celebra felizmente el consuelo que recibió de un compañero en la gran causa, mi admiración por su fortaleza no disminuye, sino que aumenta. Dios nos hizo para depender los unos de los otros. Jesús estructuró sus misiones de esa manera: de dos en dos. Y Pablo lo puso en práctica. Con esto lo veo aún más grande. No más débil.

PARTE 6

CONSIDERA A LOS OTROS COMO SUPERIORES A ÉL MISMO

25

Amante de la soberanía de Dios, compungido por los perdidos

Pablo tenía una incomparable visión elevada de la soberanía de Dios en la salvación, a la vez que derramaba lágrimas sinceras por aquellos que no eran salvos.

Muchas personas religiosas en el mundo creen que Dios es absolutamente soberano en todas las cosas, que Él controla el curso de la historia y que gobierna las vidas de los individuos. La mayoría de musulmanes creen esto, y muchos cristianos también.

Muchos cristianos creen además que las personas que no tienen fe en Jesucristo no son salvas, y sienten compasión por ellas.

Sin embargo, no es fácil encontrar que la misma persona abrace esta convicción acerca de la soberanía de Dios juntamente *con* una compasión profunda y sincera por el perdido. Pablo demostró tanto esta convicción como compasión. Pablo abrazó y expresó la soberanía de Dios en todos los acontecimientos históricos y en las vidas de las personas. Y él abrazó al mundo perdido con compasión y anhelo.

Para Pablo, Dios es soberano sobre los actos humanos

En Romanos 9:15-18, Pablo expone la absoluta soberanía de Dios sobre toda disposición humana:

> [Dios dijo] "tendré misericordia del que yo tenga misericordia, y me compadeceré del que yo me compadezca" [citando Éx. 33:19]. Así que no depende del que quiere, ni del que corre, sino de Dios que tiene misericordia. Porque la Escritura dice a Faraón: "Para esto mismo te he levantado, para mostrar en ti mi poder, y para que mi nombre sea anunciado por toda la tierra" [citando Éx. 9:16]. De manera que de quien quiere, tiene misericordia, y al que quiere endurecer, endurece.

Pablo pone la soberanía de Dios en una frase en Efesios 1:11: Dios "hace todas las cosas según el designio de su voluntad". Y hace la declaración más extraordinaria en Romanos 11:36: "Porque de él, y por él, y para él, son todas las cosas. A él sea la gloria por los siglos".

Pablo sabía que todos estamos muertos y ciegos espiritualmente en nuestro pecado, y que nuestra única esperanza es que un Dios todopoderoso cree en nosotros nueva luz y vida (2 Co. 4:6; Ef. 2:5). La intervención humana es crucial en el proceso de nuestra conversión. Pero la gracia soberana de Dios es decisiva: "Yo planté, Apolos regó; pero el crecimiento lo ha dado Dios" (1 Co. 3:6).

La gran tristeza de Pablo y su continuo dolor

Para algunos, la noticia de la soberanía de Dios en la obra de la salvación parece bloquear su compasión por los perdidos. Hay algo que está definitivamente mal en esto. Y sabemos que está mal, porque en Pablo sucedió lo contrario. Su confianza en la gracia soberana de Dios para salvar al peor de los pecadores intensificó al mismo tiempo su gran preocupación por los pecadores que se pierden:

> Verdad digo en Cristo, no miento, y mi conciencia me da testimonio en el Espíritu Santo, que tengo gran tristeza y continuo dolor en mi corazón. Porque deseara yo mismo ser anatema, separado de Cristo, por amor a mis hermanos, los que son mis parientes según la carne (Ro. 9:1-3).

Y no solo había "gran tristeza" y "dolor" en el corazón de Pablo, sino que de sus labios se elevaban oraciones sin cesar. Para Pablo, la soberanía de Dios no hacía inútil la búsqueda de los perdidos, sino que la llenaba de esperanza. Nada en el hombre puede impedir que su Dios soberano salve al peor de los pecadores: "Hermanos, ciertamente el anhelo de mi corazón, y mi oración a Dios por Israel, es para salvación" (Ro. 10:1). La compasión de su corazón rebosaba en oración porque él sabía que el poder soberano de Dios podía vencer cada obstáculo que el hombre pecador pudiera levantar contra su propia salvación.

"Si aflige, también se compadece"

Amo la soberanía de Dios. Me gozo en unirme a la exultación de los salmistas del poder inigualable de Dios: "Engrandécete, oh Jehová, *en tu poder*; cantaremos y alabaremos tu poderío" (Sal. 21:13). Me gozo en congregarme con ellos en la casa de Dios y decir: "Para ver *tu poder* y tu gloria, así como te he mirado en el santuario" (Sal. 63:2). Cuanto más mayor me hago, más me deleito en abrazar para mi propio legado sus palabras: "Aun en la vejez y las canas, oh Dios, no me desampares, hasta que anuncie *tu poder* a la posteridad, y *tu potencia* a todos los que han de venir" (Sal. 71:18).

Y amo la compasión de Dios. Estaría absolutamente perdido sin ella. Amo la frase que está presente a lo largo de la Biblia, que, en medio del juicio, Dios se acuerda de la misericordia (Hab. 3:2). Lo que impide que la Biblia sea el libro más desconsolador en su realismo absoluto sobre la rebelión del corazón humano, es la paciencia infinita de Dios: "Pero él, misericordioso, perdonaba la maldad, y no los destruía; y apartó muchas veces su ira, y no despertó todo su enojo" (Sal. 78:38).

El Salmo 103 es uno de mis favoritos porque está lleno de esperanza. Y esa esperanza tiene su origen en la compasión de Dios: "Como el padre *se compadece* de los hijos, *se compadece* Jehová de los que le temen" (Sal. 103:13). Una y otra vez resuena el cántico gozoso: "Jehová... *se compadecerá* de sus siervos" (Sal. 135:14).

"Por un breve momento te abandoné, pero te recogeré con *grandes misericordias*" (Is. 54:7).

Sin embargo, la dicha más grande viene de ver la soberanía y la compasión de Dios entrelazadas en una tela gloriosa de justicia y misericordia. Una de las declaraciones más hermosas y dolorosas de esta interrelación se encuentra en Lamentaciones 3:31-32. Dios había desatado un terrible juicio sobre su propia ciudad, Jerusalén. Nadie dudaba de que este suceso doloroso provenía de la mano soberana de Dios. Sin embargo, Jeremías incluye la soberanía y la compasión de Dios en estas maravillosas palabras:

> Porque el Señor no desecha para siempre; antes *si aflige*, también *se compadece* según la multitud de sus misericordias; porque no aflige ni entristece voluntariamente a los hijos de los hombres.

Él causó la aflicción. Él tendrá compasión.

Su corazón creyó el misterio

El apóstol Pablo estaba saturado de esa clase de enseñanza del Antiguo Testamento. El intenso sabor de Dios era lo que él saboreaba. Dios es soberano y "hace todas las cosas según el designio de su voluntad" (Ef. 1:11). Y Dios es misericordioso y compasivo. Y nosotros pecadores somos todos culpables, desvalidos y responsables por nuestro pecado. Si Dios no fuera compasivo, no *querría* salvarnos. Si Dios no fuera soberano, no sería *capaz* de salvarnos. Pero Él es soberano y compasivo. Y gracias a Jesús somos salvos.

En esta vida no es indispensable que sepamos explicar cómo encajan la soberanía de Dios y nuestra responsabilidad. Basta con saber que es un hecho. Pablo atesoró la soberanía de Dios para salvar y lloró por quienes rehusaban venir a Él. Pablo vio y vivió este misterio. Su mente no era tan pequeña ni frágil como para romperse mientras contemplaba una grandeza compleja. Y por esto lo amo.

26

Apóstol del Dios feliz y de la dura vida de extender el gozo

De todas las formas grandiosas como Pablo esperaba que su vida fuera de utilidad para sus iglesias, en dos ocasiones afirmó que su objetivo era el gozo de ellas. Él había hallado el gozo más profundo y duradero en Cristo, y quería lo mismo para otras personas.

No estamos acostumbrados a pensar que las personas que poseen un gran intelecto, la teología más rigurosa en lógica, y que se expresan con las palabras más elocuentes, puedan también ser conocidas por su gozo desbordado. Mucho menos esperaríamos que el gozo sea la esencia misma de su filosofía y la piedra angular de sus afectos.

Pablo, apóstol del Dios infinitamente feliz

Sin embargo, Pablo hace añicos nuestras expectativas habituales. Él posee un gran intelecto. Su teología es rigurosa en su lógica. Sus palabras son elocuentes. Y no solo su propio gozo rebosa, sino que es la esencia de su comprensión de la vida de Dios y de la nuestra.

Jesús había presentado a Dios como el padre de un hijo pródigo que festejó cuando su hijo volvió a casa (Lc. 15:22-24), y se había retratado a sí mismo en el día del juicio como el señor que da la bienvenida a sus siervos cuando llegan a casa, diciéndoles: "Entra en el gozo de tu señor" (Mt. 25:21).

Ahora Pablo describe el evangelio de Cristo como "el glorioso evangelio del Dios *feliz*" (1 Ti. 1:11, traducción mía). Y pronuncia una doxología a favor de este Dios con las palabras "el *feliz* y solo Soberano, Rey de reyes, y Señor de señores" (1 Ti. 6:15, traducción mía). La palabra que he traducido *feliz*, por lo general se traduce *bienaventurado*. Sin embargo, el significado no es bendecido en el sentido de "celebrado", sino bendecido en el sentido de "contento" o "feliz".

Gozo trinitario

Pablo sabía que un Dios triste no podía ser la fuente, mucho menos el centro, de las buenas noticias que lo satisfacen todo. No. Si Jesús vino al mundo con "nuevas de gran gozo" (Lc. 2:10), entonces Dios no es un Dios triste, sino un Dios rebosante de gozo. Por eso el Hijo a quien envió podía decir: "Estas cosas os he hablado, *para que mi gozo esté en vosotros*, y vuestro gozo sea cumplido" (Jn. 15:11; ver también 17:13). El gozo *tiene su origen* en Dios. Viene *por medio de* Jesús su Hijo. Y es el *fruto* de su Espíritu. Aquellos que abrazan a Jesús como su Salvador y su tesoro, por el poder del Espíritu, para la gloria del Padre, entran en ese gozo trinitario. A esto me refiero cuando lo llamo la "*esencia* de la comprensión de Pablo de la vida de Dios y de la nuestra".

Pablo saboreó el gozo antes de difundirlo, aun en el sufrimiento

Pablo experimentó este gozo de Dios antes de difundirlo. Él no lo experimentó de manera intermitente, como si viniera solo cuando el sol brillaba. El gozo de Pablo era asombrosamente firme en medio del sufrimiento. Por ejemplo, él dice: "nos *gloriamos* en la esperanza de la gloria de Dios. Y no sólo esto, sino que también nos *gloriamos* en las tribulaciones" (Ro. 5:2-3, 11). Él habló de vivir "como entristecidos, mas siempre *gozosos*" (2 Co. 6:10). "Sobreabundo de *gozo* en todas nuestras tribulaciones" (2 Co. 7:4). "Me *gloriaré* más bien en mis debilidades, para que repose sobre mí el poder de Cristo" (2 Co. 12:9).

Y detrás de todas las exhortaciones de Pablo a regocijarse, como fundamento, enseñó que el gozo no es una actuación humana sino un "fruto del Espíritu" (Gá. 5:22). Es un efecto del señorío de Dios en la vida de una persona (Ro. 14:17). Es parte del amor, del regalo más grande que es el amor: "[El amor] *se goza* de la verdad" (1 Co. 13:6).

Él está en la tierra para el "gozo de la fe" de ellos

Habiendo establecido estas raíces, Pablo procuró el gozo de otras personas. Este fue uno de los grandes objetivos de su predicación: Que las personas encuentren su gozo supremo ya no en este mundo, sino en Cristo, como él lo había experimentado. Dos veces declaró que el objetivo de su ministerio era *el gozo* de sus iglesias. En Filipenses 1:23-26, Pablo se pregunta si ha de obtener su gozo supremo partiendo para estar con Jesús en la muerte, o si permanece en la tierra para el gozo de la iglesia filipense. Él responde: "Y confiado en esto, sé que quedaré, que aún permaneceré con todos vosotros, para vuestro provecho y *gozo de la fe*, para que abunde vuestra gloria de mí en Cristo Jesús por mi presencia otra vez entre vosotros" (Fil. 1:25-26).

En otras palabras, "si yo permanezco en la tierra, la razón será su *gozo de la fe*". Esa es la razón de vivir de Pablo: El gozo de su pueblo en Cristo, que es parte y porción de su gloriarse (exaltarse o exultar) en Jesucristo. No hay diferencia entre gozarse en Cristo y gloriarse en Cristo. No es posible tener lo uno sin lo otro. Un gloriarse tedioso en Cristo y una triste exultación en Cristo son un oxímoron. Regocijarse es esencial para apreciar a Cristo. De modo que cuando Pablo vive para el gozo de su pueblo en Cristo, él está viviendo para la gloria de Cristo. Esto es lo que quiso decir cuando en Filipenses 1:21 declara: "El vivir es Cristo".

No sobre ellos sino junto a ellos, para su gozo

Asimismo, Pablo dijo con sencillez a los corintios: "No que nos enseñoreemos de vuestra fe, sino que colaboramos *para vuestro gozo*" (2 Co. 1:24). ¿No te parece asombroso que un apóstol diga esto? Después de Cristo, él ostenta la mayor autoridad en la iglesia primitiva, junto con los otros apóstoles. De todas las formas como podría describir su propósito con los corintios, ¿cómo lo expresa? Dice, en términos negativos, que no se enseñorean de ellos. Luego dice dos cosas en términos afirmativos: "colaboramos". No están *por encima* de ellos, sino que están *con* ellos. Y termina diciendo "colaboramos *para vuestro gozo*". Pablo no se avergüenza de resumir el objetivo de su ministerio en las palabras "para vuestro gozo".

¿Por qué es esto? Porque el gozo en Cristo, o podríamos decir, *estar satisfecho con todo lo que Dios es para nosotros en Jesús*, es la esencia de lo que los cristianos deben buscar en el mundo. No es la totalidad de lo que buscamos, pero es la *esencia*. El cristianismo es un proyecto divino que consiste en reemplazar las alegrías inferiores en objetos inferiores, con gozos superiores en Dios mismo. Por eso Cristo vino a morir. Él murió para quitar toda barrera (como la ira de Dios y nuestro pecado) entre nosotros y Dios, y así todos podamos decir junto con Pablo: "Nos gloriamos en Dios" (Ro. 5:11).

La fe, la esperanza y el amor permanecen. ¿Y qué del gozo?

Alguien me preguntó alguna vez: "Si el gozo es tan esencial, ¿por qué Pablo no lo incluyó en la famosa frase "y ahora permanecen la fe, la esperanza y el amor, estos tres; pero el mayor de ellos es el amor" (1 Co. 13:13)?". Mi respuesta es que el gozo es tan esencial a la fe, la esperanza y al amor, que no hacía falta que lo mencionara. Si sacas el gozo como un elemento esencial de la fe, de la esperanza y del amor, en realidad no tienes fe, esperanza ni amor cristiano. La fe es abrazar *gozosos* al Cristo en quien confiamos y atesoramos. La esperanza es el anticipo *gozoso* de la recompensa futura. El amor es la sobreabundancia de *gozo* en Dios que busca suplir las necesidades de otros, especialmente la necesidad de gozo eterno.

Aprender a amar con un hombre al que amo

Mi amor por Pablo no solo se despierta porque su gozo permaneció firme en medio de todos sus sufrimientos, sino aún más porque él consideró su ministerio entero como un proyecto para llevar a otros al gozo que él poseía al conocer a Jesucristo. De hecho, esta es la forma como Pablo comprendió el amor, llevar a las personas a ser partícipes de su gozo en Dios, sin importar cuánto le costara. De modo que escribe: "confiando en vosotros todos que *mi gozo es el de todos vosotros*. Porque por la mucha tribulación y angustia del corazón os escribí... para que supieseis *cuán grande es el amor que os tengo*" (2 Co. 2:3-4). Amar significa abrazar con alegría el propósito de guiar a otros a tu experiencia de gozo en Dios, aun cuando eso te cueste la vida.

¿Acaso sorprende que yo ame al hombre que me ha mostrado, más que cualquier otro aparte de Jesús, lo que es el amor? ¿Acaso sorprende que amarlo, aprender a amar como él, sea un asunto gozoso?

27

Reconocer las imperfecciones y transformarlas en amor

Pablo sabía que no era un hombre perfecto y, en lugar de ocultar sus faltas, las convirtió en un motivo para ayudar a otros a luchar por la santidad y el gozo.

Las personas a quienes más admiramos no son pretenciosas. No presumen ser mejores de lo que son. Si se equivocan, lo reconocen. No nos gusta la pretensión, la falsedad ni la hipocresía. Nos gusta la gente real. Las personas imperfectas que son honestas respecto a sus faltas son más agradables, más creíbles e incluso más expertas que aquellas que no reconocen sus faltas.

Pablo pertenecía a una élite que eran los apóstoles de Jesucristo. Él no se apuntó para estar ahí. Él dijo que fue escogido para ello por Dios desde antes de nacer: "Dios... me apartó desde el vientre de mi madre, y me llamó por su gracia" (Gá. 1:15). Ser apóstol significaba que él había visto al Señor Jesús resucitado, quien le había encomendado hablar en su nombre y con su autoridad. Por eso sus escritos revisten tanta autoridad para los cristianos.

No hay perfección cristiana en esta vida

A pesar de que tenía un papel tan privilegiado en la iglesia primitiva, Pablo no trató de aprovecharse de su rango para ocultar sus debilidades o pecados. Él sabía y enseñaba que volverse cristiano no significa gozar de perfección sin pecado en este mundo. Valga aclarar que volverse cristiano significa que las personas son realmente transformadas por el Espíritu de Dios (2 Co. 3:18). Dios salva a su pueblo no solo de la *culpa* del pecado, sino también del *poder* del pecado. Sin embargo, su salvación ocurre por etapas.

Primero, en este mundo Dios saca a las personas de las tinieblas espirituales (2 Co. 4:4-6), les concede arrepentirse y creer (2 Ti. 2:25; Fil. 1:29), las une a Jesucristo (Ro. 6:5), las considera conforme a la justicia misma y la obediencia perfecta de Cristo (Ro. 5:19), les da el don del Espíritu Santo y el don de la vida eterna (Ro. 8:9; 6:23), y empieza el proceso de hacerlas como Jesús, de un grado de gloria al siguiente (2 Co. 3:18). Sin embargo, ese proceso no se completa hasta que los cristianos lleguen al cielo, o hasta que Jesús vuelva.

Así que el objetivo de Pablo es estar un día con Jesús, pero reconoce que todavía no está allí y que no es perfecto. "[Procuro llegar] a la resurrección de entre los muertos. *No que lo haya alcanzado ya, ni que ya sea perfecto*; sino que prosigo, por ver si logro asir aquello para lo cual fui también asido por Cristo Jesús" (Fil. 3:11-12). Pablo sabía que Cristo lo había alcanzado para vida eterna. Pero todavía no había llegado al final de su jornada. Y esa jornada se caracterizaba por una batalla constante contra el pecado. Por eso escribe a su amigo Timoteo:

> Pelea la buena batalla de la fe, echa mano de la vida eterna, a la cual asimismo fuiste llamado, habiendo hecho la buena profesión delante de muchos testigos (1 Ti. 6:12).

Pablo sabía que toda esta era se caracteriza por ser incompleta e imperfecta. En uno de sus más famosos capítulos lo expresa en estos términos:

> Porque en parte conocemos, y en parte profetizamos; mas cuando venga lo perfecto, entonces lo que es en parte se acabará... Ahora vemos por espejo, oscuramente; mas entonces veremos cara a cara. Ahora conozco en parte; pero entonces conoceré como fui conocido (1 Co. 13:9-10, 12).

La confesión más asombrosa de Pablo

La confesión más asombrosa que hizo Pablo respecto a sus propias imperfecciones y luchas está en Romanos 7:

> Porque lo que hago, no lo entiendo; pues no hago lo que quiero, sino lo que aborrezco, eso hago... Y yo sé que en mí, esto es, en mi carne, no mora el bien... me deleito en la ley de Dios; pero veo otra ley en mis miembros, que se rebela contra la ley de mi mente... ¿quién me librará de este cuerpo de muerte? Gracias doy a Dios, por Jesucristo Señor nuestro (Ro. 7:15, 18, 22-25).

Dios había hecho una obra asombrosa de salvación en Pablo. Él demostró un amor, una negación de sí mismo y una pasión por su Maestro, Jesucristo, que fueron incontrovertibles. Con todo, Dios no lo había perfeccionado aún.

¿Por qué fue salvado Pablo tan lentamente?

Alcanzamos a vislumbrar el por qué Dios permitió que Pablo (y cada uno de nosotros) luchara aún contra la tentación. Recuerda que Pablo fue escogido por Dios antes de nacer para ser apóstol (Gá. 1:15). Dios sabía que un día Él entraría en la vida de Pablo con una fuerza irresistible y lo llamaría a ser su discípulo. Sin embargo, Dios permitió que Pablo se convirtiera en un acérrimo asesino y perseguidor de su propio Hijo y de su iglesia (Hch. 9:1-2).

¿Por qué? Quiero sugerir que la respuesta a esta pregunta es la misma respuesta de por qué Dios permitió que Pablo siguiera luchando contra el pecado. Esta es la respuesta de Pablo:

> Habiendo yo sido antes blasfemo, perseguidor e injuriador; mas fui recibido a misericordia... Palabra fiel y digna de ser recibida por todos: que Cristo Jesús vino al mundo para salvar a los pecadores, de los cuales yo soy el primero. Pero por esto fui recibido a misericordia, para que Jesucristo mostrase en mí

> el primero toda su clemencia, para ejemplo de los que habrían de creer en él para vida eterna (1 Ti. 1:13, 15-16).

Pablo creía que Dios lo había salvado de la *manera* como lo hizo y *cuando* lo hizo, a fin de que las personas que viven en desesperación por creer que son demasiado pecadoras para ser salvas, tengan esperanza. Dios mostró misericordia al "primero" de los pecadores, "blasfemo, perseguidor e injuriador". Y Pablo explica claramente por qué Dios lo salvó cuando estaba tan perdido: "Para que Jesucristo mostrase en mí el primero toda su clemencia, para ejemplo de los que habrían de creer en él para vida eterna". Dios salvó a Pablo de esa manera por causa de ti. Y de mí. Si Dios no es paciente con nosotros, no tenemos esperanza. Pero la humilde confesión de Pablo en este pasaje se revela para que tengamos esperanza en nuestra búsqueda imperfecta de la santidad.

El hecho de que un hombre con la autoridad de Pablo, con un papel eminente en la iglesia y enviado como apóstol por el Cristo resucitado en persona sea tan transparente con sus propias imperfecciones, es algo absolutamente impresionante. Y él no solo está dispuesto a hablar de sus imperfecciones, sino que las usa para consolar y animar a otros. Estos no son los métodos de un hombre engañado que engaña. Es la marca de seguridad interior humilde y de salud mental. Es la clase de carácter que amo, y en el que confío.

28

Su éxito incomparable como misionero, sin arrogancia

Pablo fue uno de los misioneros más fructíferos en la historia de la iglesia cristiana. El alcance, el sacrificio y los resultados apenas tienen paralelo hasta nuestros días. Con todo, su jactancia se basó siempre en Cristo y no en él mismo.

Pablo se convirtió a Cristo mientras lo perseguía. El médico Lucas, quien fue su compañero más adelante y escribió gran parte del relato de su vida, describió así la conversión de Pablo:

> Saulo [el nombre judío de Pablo], respirando aún amenazas y muerte contra los discípulos del Señor, vino al sumo sacerdote... al llegar cerca de Damasco, repentinamente le rodeó un resplandor de luz del cielo; y cayendo en tierra, oyó una voz que le decía: Saulo, Saulo, ¿por qué me persigues?... Yo soy Jesús, a quien tú persigues; dura cosa te es dar coces contra el aguijón. Él, temblando y temeroso, dijo: Señor, ¿qué quieres que yo haga? Y el Señor le dijo: Levántate y entra en la ciudad, y se te dirá lo que debes hacer (Hch. 9:1, 3-6).

Cuando se puso en pie, estaba ciego. Jesús envió a un hombre llamado Ananías para que abriera sus ojos y le explicara lo que sucedía. Ananías recibió estas instrucciones de Jesús:

> Ve, porque instrumento escogido me es éste, para llevar mi nombre en presencia de los gentiles, y de reyes, y de los hijos de Israel; porque yo le mostraré cuánto le es necesario padecer por mi nombre (Hch. 9:15-16).

Más adelante, cuando Pablo reportó lo sucedido, refirió más detalles de la misión que había recibido de Jesús. Jesús le había dicho:

> Pero levántate, y ponte sobre tus pies; porque para esto he aparecido a ti, para ponerte por ministro y testigo de las cosas que has visto, y de aquellas en que me apareceré a ti, librándote de tu pueblo, y de los gentiles, a quienes ahora te envío, para que abras sus ojos, para que se conviertan de las tinieblas a la luz, y de la potestad de Satanás a Dios; para que reciban, por la fe que es en mí, perdón de pecados y herencia entre los santificados (Hch. 26:16-18).

El comienzo de la más grandiosa vida misionera

Ese fue el comienzo de una de las carreras misioneras más valerosas, sacrificadas y eficaces en la historia de la iglesia cristiana. Pablo discernió en su llamado que él no iba a ser el pastor que se queda por mucho tiempo con las iglesias que funda, sino que siempre estaría extendiendo las fronteras a los lugares donde no había cristianos. "Y de esta manera me esforcé a predicar el evangelio, no donde Cristo ya hubiese sido nombrado, para no edificar sobre fundamento ajeno" (Ro. 15:20).

Esta ambición de alcanzar las regiones más lejanas que no habían recibido el evangelio explica cómo Pablo pudo decir en su carta a la iglesia romana:

> Desde Jerusalén, y por los alrededores hasta Ilírico, todo lo he llenado del evangelio de Cristo... Pero ahora, no teniendo más campo en estas regiones, y deseando desde hace muchos años ir a vosotros, cuando vaya a España, iré a vosotros; porque

espero veros al pasar, y ser encaminado allá por vosotros, una vez que haya gozado con vosotros (Ro. 15:19, 23-24).

No como evangelista, ni como pastor, sino como misionero fronterizo

Sabemos que realmente quedaban todavía muchas personas por evangelizar en las regiones a las que se refirió Pablo cuando dijo "no teniendo más campo en estas regiones". Lo sabemos porque Pablo dejó a Timoteo encargado como pastor en esas regiones y le dijo "haz obra de evangelista" (2 Ti. 4:5). Sin embargo, Pablo no se consideraba a sí mismo un evangelista. Un evangelista trabaja donde la iglesia ha sido establecida, y tomando como base la iglesia local intenta ganar conversos entre las personas de los alrededores.

En cambio, el llamado y la ambición de Pablo era llevar el evangelio donde no existían iglesias establecidas. Por eso lo llamo un misionero en vez de pastor o evangelista, si bien el término *misionero* no está en la Biblia.

En este llamado de plantar iglesias en regiones donde no había ninguna, Pablo pagó un precio enorme de sufrimiento, y la historia confirma que tuvo gran éxito. Digo la *historia* porque, cuando su vida ya había llegado a su fin, había iglesias desde Jerusalén hasta el norte de Italia cuya magnitud a lo largo y ancho del imperio perduraría durante siglos.

No es que Pablo hiciera conversos, empezara una iglesia y se olvidara de ellos conforme se desplazaba a otros lugares. Trece libros del Nuevo Testamento testifican del cuidado de Pablo por esas iglesias. Él oró por ellas constantemente, y les escribió. Estas cartas son otro tributo a la grandeza de Pablo como misionero.

Todo su fruto fue un regalo

A pesar de todo su éxito, Pablo no se jactó de sí mismo. Se jactó de Cristo. Él no minimizó la importancia de su obra. No dijo: "Ah, no es nada". ¡Por supuesto que no fue como nada! Fue gloriosa. Y aun así, la experiencia de Pablo del poder de Cristo en su vida lo llevó a darse cuenta de que todo el fruto de sus manos era un regalo de Dios:

> Tengo, pues, de qué gloriarme en Cristo Jesús en lo que a Dios se refiere. Porque no osaría hablar sino de lo que Cristo ha hecho por medio de mí para la obediencia de los gentiles, con la palabra y con las obras (Ro. 15:17-18).

En otras palabras, sucedieron cosas maravillosas por medio del ministerio de Pablo, cosas que son motivo de jactancia. Sin embargo, la pregunta era ¿en quién ha de gloriarse Pablo? Su respuesta fue: "El que se gloría, gloríese en el Señor" (1 Co. 1:31). "Pero lejos esté de mí gloriarme, sino en la cruz de nuestro Señor Jesucristo" (Gá. 6:14). "Nos gloriamos [es decir, nos jactamos] en Cristo Jesús, no teniendo confianza en la carne" (Fil. 3:3).

Dios da el crecimiento

Ya se tratara del que sembró o del que regó la semilla, Pablo dejó claro por qué su jactancia era en el Señor y no en él mismo o en otros:

> ¿Qué, pues, es Pablo, y qué es Apolos? Servidores por medio de los cuales habéis creído; y eso según lo que a cada uno concedió el Señor. Yo planté, Apolos regó; pero el crecimiento lo ha dado Dios. Así que ni el que planta es algo, ni el que riega, sino Dios, que da el crecimiento (1 Co. 3:5-7).

Pablo sabía que había trabajado duro. Él sabía que había sufrido mucho. Él sabía que había sido fiel a su Señor. Él no expresó una humildad artificial que negara su amor y su labor. Antes bien, mantuvo una firme convicción de que, así como había trabajado, Cristo había obrado con poder en él y por medio de él.

> A [Cristo] anunciamos, amonestando a todo hombre, y enseñando a todo hombre en toda sabiduría, a fin de presentar

perfecto en Cristo Jesús a todo hombre; *para lo cual también trabajo, luchando según la potencia de él, la cual actúa poderosamente en mí* (Col. 1:28-29).

Cristo fue el más grande obrero en la obra de Pablo

Esta era la paradoja —el secreto— de la vida cristiana, especialmente de la vida de un misionero fructífero. Es decir, que trabajamos con todas nuestras fuerzas, pero el trabajo es en el fondo más una obra poderosa de Cristo en nosotros. Así describe Pablo su vida: "Con Cristo estoy juntamente crucificado, y ya no vivo yo, mas vive Cristo en mí; y lo que ahora vivo en la carne, lo vivo en la fe del Hijo de Dios, el cual me amó y se entregó a sí mismo por mí" (Gá. 2:20).

Pablo vivió por la fe día tras día, hora tras hora, gracias a la ayuda que provee el Cristo viviente. Pero la fe, por su propia naturaleza, no es algo de lo cual nos jactemos. La fe es la única cosa en nuestro corazón que dirige su dependencia hacia otro, no a sí mismo. Por lo tanto, una vida de dependencia del poder de Cristo fue la clave que le permitió a Pablo combinar bellamente su extraordinario éxito misionero con la ausencia de jactancia en sí mismo.

Una vida grandiosa

Esta es la clase de vida que me deleito en contemplar. Si no hubiera un éxito descollante, nos asombraríamos menos, admiraríamos menos. Y la humildad no sería tan admirable. Sin embargo, cuando el éxito es grande, el costo es elevado, el mérito de los galardones se rinde con humildad y gozo a Cristo, cuando no hay pretensiones ni falsedades podemos decir: "¡Qué vida tan grandiosa! Quiero conocer a este hombre. Yo quiero, al menos en parte, ser como él".

29

La búsqueda de la pureza doctrinal y la pasión por el pobre

> En toda su pasión por la verdad y la madurez doctrinal, Pablo llevó sin descanso una carga por los pobres, y buscó a lo largo de su ministerio incluir a sus iglesias en el cuidado de los pobres como él lo hizo.

Pablo no abrigaba una idea romántica del pobre. Él no suponía que la pobreza vuelve a las personas humildes y dependientes de Dios. Él había leído su Biblia, las Escrituras del Antiguo Testamento: "El hombre pobre y robador de los pobres es como lluvia torrencial que deja sin pan" (Pr. 28:3). Y probablemente conocía la parábola de Jesús que describe al esclavo pobre, a quien se le habían perdonado todas sus deudas para luego salir a cobrar a otro pobre con amenazas (Mt. 18:23-35). De modo que él sabía, como dijo la ley: "tampoco serás parcial al pobre en su pleito" (Éx. 23:3, LBLA).

Pablo sabía que Dios aborrece la opresión

Pablo también sabía que los pobres son, por lo general, susceptibles al trato injusto por parte de quienes tienen poder y dinero. Y él sabía que Dios aborrece ese tipo de opresión del débil a manos del poderoso. Lo sabía por los profetas del Antiguo Testamento:

> Oíd esta palabra, vacas de Basán... que oprimís a los pobres y quebrantáis a los menesterosos... Jehová el Señor juró por

su santidad: He aquí, vienen sobre vosotras días en que os llevarán con ganchos, y a vuestros descendientes con anzuelos de pescador (Am. 4:1-2).

Y lo sabía por Jesús y el evangelio, al igual que Santiago:

> He aquí, clama el jornal de los obreros que han cosechado vuestras tierras, el cual por engaño no les ha sido pagado por vosotros; y los clamores de los que habían segado han entrado en los oídos del Señor de los ejércitos. Habéis vivido en deleites sobre la tierra, y sido disolutos; habéis engordado vuestros corazones como en día de matanza. Habéis condenado y dado muerte al justo, y él no os hace resistencia (Stg. 5:4-6).

Por consiguiente, Dios había promulgado leyes para proteger al pobre, y sus sabios advirtieron contra la explotación:

> No oprimirás al jornalero pobre y menesteroso, ya sea de tus hermanos o de los extranjeros que habitan en tu tierra dentro de tus ciudades (Dt. 24:14).

> El que oprime al pobre afrenta a su Hacedor; mas el que tiene misericordia del pobre, lo honra (Pr. 14:31).

Y, por supuesto, Jesús trató al pobre y al marginado con una compasión sin precedentes. Y mandó a sus seguidores extender siempre su mano a sus hermanos que son pobres, porque lo que ellos hacen por los hermanos pobres, lo hacen por Él mismo:

> Entonces el Rey dirá a los de su derecha: Venid, benditos de mi Padre, heredad el reino preparado para vosotros desde la fundación del mundo. Porque tuve hambre, y me disteis de comer; tuve sed, y me disteis de beber; fui forastero, y me recogisteis; estuve desnudo, y me cubristeis; enfermo, y me visitasteis; en la cárcel, y vinisteis a mí... De cierto os digo que en cuanto lo

hicisteis a uno de estos mis hermanos más pequeños, a mí lo hicisteis (Mt. 25:34-36, 40).

Pasión apostólica por el pobre

Hago mención de este contexto para mostrar por qué Pablo y los otros apóstoles hicieron del cuidado del pobre una prioridad notable. Cuando Pablo encontró a Pedro, a Santiago y a Juan, la gran inquietud era: ¿Van a afirmar el apostolado los unos de los otros? Así lo hicieron. Pero esa no era la única inquietud. Pablo reportó que estas "columnas" de la iglesia primitiva "nos pidieron que nos acordásemos de los pobres". Así describió Pablo esa tarea: "lo cual también procuré con diligencia hacer" (Gá. 2:9-10). Diligencia. Entrega.

A lo largo de las cartas de Pablo y de la narrativa de su vida en el libro de Hechos, encontramos referencias a estas colectas para los pobres, especialmente en Jerusalén. Los capítulos 8 y 9 de 2 Corintios presentan un argumento ampliado de por qué los cristianos corintios debían ser generosos en su colecta, como lo eran las iglesias de Macedonia.

Asimismo, en Romanos, Pablo se refiere a estos dos centros de generosidad, diciendo: "Macedonia y Acaya tuvieron a bien hacer una ofrenda para los pobres que hay entre los santos que están en Jerusalén" (Ro. 15:26). Por último, Lucas reporta la entrega como tal de las ofrendas que Pablo había recolectado: "Pero pasados algunos años, vine a hacer limosnas a mi nación y presentar ofrendas" (Hch. 24:17).

Pureza doctrinal y el deber para con los pobres

Esto es hermoso, un hombre que nunca pierde de vista las necesidades del pobre. Sin embargo, lo que me resulta singularmente llamativo es que en nuestros días exista en ocasiones, y por desdicha, una distinción estereotipada entre los cristianos que enfatizan el cuidado de los pobres y aquellos que resaltan la fidelidad doctrinal. Los amantes de la verdad y de la doctrina pueden sospechar que el cuidado de los pobres implica laxitud en la doctrina bíblica.

Y los amantes de los pobres pueden sospechar que el énfasis en la doctrina nos hace indiferentes a las necesidades del pobre. Ambas sospechas han sido justificadas en ciertos momentos y lugares.

Por lo anterior, a mí me impresiona que Pablo no se encasille en ninguno de estos estereotipos. Pablo cuidó de las almas de sus iglesias con ayuda doctrinal, y cuidó de los pobres de sus iglesias con ayuda material. Ambos fueron importantes para él. Él escribió sus cartas llenas de riqueza doctrinal para ayudar a las iglesias:

> A fin de perfeccionar a los santos para la obra del ministerio, para la edificación del cuerpo de Cristo, hasta que todos lleguemos a la unidad de la fe y del conocimiento del Hijo de Dios, a un varón perfecto, a la medida de la estatura de la plenitud de Cristo; para que ya no seamos niños fluctuantes, llevados por doquiera de todo viento de doctrina, por estratagema de hombres que para engañar emplean con astucia las artimañas del error (Ef. 4:12-14).

Él sabía que las personas mueren una muerte más seria por causa de los vientos de falsa doctrina que por el dolor de la pobreza. La inanición física nunca ha llevado a alguien a la condenación. En cambio, la inanición espiritual ha llevado a millones a la tumba sin esperanza. Pablo diría, con inusitada vehemencia, que los cristianos buscan rescatar a las personas de *todo* sufrimiento, especialmente del sufrimiento eterno (Ef. 4:28; 2 Ts. 1:9).

La personificación de la salvación

Así pues, Pablo se entregó a la gran tarea doctrinal de proclamar toda la verdad, así como a la gran labor de compasión mediante la provisión de lo necesario para el pobre. Trajo salvación al alma y alivio para el cuerpo. O mejor aún: trajo salvación, y esta salvación incluye nuevas convicciones acerca de la realidad y una compasión renovada por el que sufre. Cambia para siempre a una persona, de ser egoísta a amorosa, de ser quien explota a otras a quien defiende la causa de los que sufren explotación.

Pablo personificaba esta salvación. Él no puede ser catalogado fácilmente conforme a un estereotipo. Cuando yo lo veo manejar la verdad en aras de la eternidad y manejar el dinero en beneficio del hambriento, veo algo profundamente admirable. Esta es una hermosa combinación de convicción y compasión que me llena de admiración por este hombre.

PARTE 7

EL MEJOR REGALO QUE PABLO PODÍA DAR

30

El más grandioso capítulo de la Biblia y la promesa más importante en mi vida

En "los 8 grandes", los ocho capítulos de la carta de Pablo a los Romanos, Pablo mostró la conexión que existe entre la muerte de Jesús y la certeza de recibir "todas las cosas". Allí Pablo me obsequió mi versículo predilecto de la Biblia, el magnífico y más esperanzador Romanos 8:32.

Se llega a amar a alguien cuando lo que dice penetra tu alma de manera tan profunda que cambia tu manera de pensar acerca de todo, y el cambio rebosa de esperanza. Eso es lo que yo diría que hizo Pablo por mí cuando descubrí la lógica integral y celestial que contiene Romanos 8:32. En aquel entonces tenía veintitrés años.

Cuando vi este versículo como nunca antes, Dios lo sembró en mi alma con tal firmeza que se convirtió para siempre en un agente viviente de poder práctico, esperanzador y transformador. Me resulta imposible separar esa experiencia del hombre que pronunció esas palabras.

De todos los pasajes en la Biblia que ofrecen una plataforma sólida para sostenerse cuando todo alrededor se sacude, esta ha sido mi roca más que cualquier otro versículo:

El que no escatimó ni a su propio Hijo, sino que lo entregó por todos nosotros, ¿cómo no nos dará también con él todas las cosas? (Ro. 8:32)

Incluso un niño entiende un argumento *a fortiori*

Romanos 8:32 es el resumen por excelencia del argumento (¡y *argumento* es la palabra correcta!) de los primeros ocho capítulos de la carta de Pablo a los Romanos. Hay una lógica particular en esta, la carta por excelencia. Yo la denomino la lógica del cielo.

Esta clase de lógica tiene un nombre técnico. Y, aunque no necesariamente conozcas el nombre de la lógica, definitivamente sabes cómo usarla. Puedes llamarla un argumento o una lógica que va de mayor a menor. El término técnico es *a fortiori*, que en latín quiere decir "del más fuerte". El concepto es el siguiente: Si has ejercitado tu fuerza para llevar a cabo algo *difícil*, con toda seguridad puedes ejercitar tu fuerza para llevar a cabo algo *más fácil*. Ese es un argumento *a fortiori*.

Supongamos entonces que le dices a tu hijo: "Por favor ve rápido a la casa del vecino y pregúntale al señor González si puede prestarnos sus alicates". Pero tu hijo dice: "¿Y qué si el señor González no quiere prestarnos sus alicates?". ¿Cómo puedes convencer a tu hijo de que el señor González con toda seguridad va a prestarte sus alicates? ¡Usando un argumento *a fortiori*!

Permíteme explicar cómo funciona. Le dices a tu hijo: "Ayer el señor González nos prestó gustoso su auto durante el día. Si se alegró en prestarme su auto, va a estar muy dispuesto a prestarnos sus alicates". Incluso un niño comprende un argumento *a fortiori*.

Prestar su auto suponía un sacrificio más grande que prestar sus alicates. Por consiguiente, era más difícil prestar su auto de lo que va a ser prestar sus alicates. Si estuvo dispuesto a hacer lo más difícil, entonces va a estar dispuesto a hacer lo que es más fácil. Esa es la forma como usamos un argumento *a fortiori*.

El fabuloso *a fortiori* de Pablo

Ahora observa cómo Pablo usa este tipo de argumento para el suceso más grande en la historia del mundo. Él dice: *Dios no escatimó a su propio Hijo, sino que lo entregó por todos nosotros.* Eso es lo más difícil. *Por lo tanto, con toda seguridad, nos dará todas las cosas juntamente con Él.* Eso es lo más fácil. Cuando este argumento atraviesa la dureza que produce la familiaridad con el pasaje, se vuelve una verdad gloriosamente universal y llena de esperanza.

Yo había leído ese versículo toda mi vida. Pero cuando tenía veintitrés años, por primera vez, esta lógica, una lógica inspirada por Dios, santa, celestial, gloriosa e inagotable, penetró en mi alma y se implantó de tal forma que se convirtió en un fundamento sólido y una raíz viva de esperanza y poder, un agente de poder práctico, esperanzador y transformador que perdura toda la vida. Explicaré esto en un momento, pero primero fijémonos en el contenido de las dos mitades de este versículo.

El obstáculo más grande para nuestra felicidad eterna

Primero, pensemos en la primera mitad de Romanos 8:32: "*El que no escatimó ni a su propio Hijo, sino que lo entregó por todos nosotros...*".

¿Cuáles son los grandes obstáculos que se interponen entre nosotros y la felicidad eterna? Un obstáculo es nuestro pecado. Todos somos pecadores (Ro. 3:23), y la paga del pecado es muerte eterna (Ro. 6:23). Otro obstáculo es la ira de Dios. Si Dios está enojado con nosotros, con razón, por nuestra culpa pecaminosa, entonces no tenemos esperanza de felicidad eterna. Y Pablo no deja ninguna duda en cuanto a que estamos bajo la ira de Dios. En efecto, somos "hijos de ira, lo mismo que los demás" (Ef. 2:3).

Estos parecen ser los obstáculos más grandes que se interponen entre nosotros y la felicidad eterna. Pero ¿lo son realmente? Yo creo que hay un obstáculo mayor, uno que sería mucho más difícil vencer, el que Pablo señala en su primera mitad de Romanos 8:32. Este obstáculo es el amor y el gozo infinitos de Dios por la belleza y el honor de su propio Hijo.

Observa si encuentras este obstáculo en la primera mitad de Romanos 8:32: "El que *no escatimó ni a su propio Hijo*, sino que lo entregó por todos nosotros…". Pablo espera que nosotros sintamos la tensión monumental que existe entre las palabras *su propio Hijo* y la frase *no escatimó*. Esto debe sonar como lo más difícil que podría sugerirse jamás, que Dios sacrifique al Hijo de Dios. "Su *propio* Hijo".

¿Cómo pudo Él entregar a su propio Hijo?

Cuando Pablo dice que Dios entregó a *su propio Hijo*, el punto es que no hay otro como Él, y que es infinitamente precioso para el Padre. En dos ocasiones, mientras Jesús estaba en la tierra, Dios dijo: "este es mi Hijo *amado*" (Mt. 3:17; 17:5). En Colosenses 1:13, Pablo lo llama "el Hijo de su *amor*" (traducción mía).

Jesús mismo contó la parábola de los labradores, según la cual unos labradores malvados golpearon y asesinaron a los siervos del señor cuando vinieron a recoger la cosecha que le pertenecía al señor de la viña. El señor, en una decisión inimaginable, envía a su propio hijo para intentar una vez más recibir lo que era suyo. Jesús describe esta representación de Dios con estas palabras: "Aún tenía otro, un hijo *amado*" (Mr. 12:6, traducción mía). Un Hijo es lo único que el Padre tenía. Y lo amaba con un amor infinito.

El punto que señala Romanos 8:32 es que este amor de Dios por su único Hijo era como un obstáculo gigantesco, del tamaño del monte Everest, que se interponía entre Dios y nuestra salvación. Se trataba de un obstáculo casi infranqueable. ¿Podría o estaría Dios dispuesto a negarse al vínculo afectivo infinito e inflamado con su Hijo con el cual lo estima, admira y atesora, a fin de entregarlo para que sea calumniado, traicionado, negado abandonado, burlado, azotado, golpeado, escupido, clavado en una cruz y atravesado con una lanza como un animal despedazado y colgado en una percha?

Dios no lo escatimó sino que lo envió

¿Dios haría esto realmente? En caso afirmativo, podríamos saber con certeza que fuera cual fuera la meta que perseguía al otro lado de ese obstáculo *nunca podría fracasar*. No podría existir un obstáculo mayor. Así pues, sea lo que sea que se haya propuesto, puede darse por hecho.

La realidad impensable que Romanos 8:32 afirma es que Dios lo hizo. Él lo entregó. Dios *no lo* escatimó. Podría pensarse, ¿acaso no lo entregó Judas (Mr. 3:19)? ¿Acaso no lo entregó Pilato (Mr. 15:15)? ¿Acaso no lo entregaron Herodes y la multitud (Hch. 4:27-28))? Peor que eso, ¿acaso no lo entregamos *nosotros*? (1 Co. 15:3; Gá. 1:4; 1 P. 2:24)? Y quizá, aún más sorprendente, ¿no se entregó Jesús mismo (Jn. 10:17; 19:30)? La respuesta a todas esas preguntas es sí.

No obstante, en Romanos 8:32, Pablo obvia a todos estos agentes, todos estos instrumentos de muerte. Él emite una declaración impensable: A través de todos estos agentes humanos, Dios mismo estaba entregando a su Hijo a la muerte. "Éste [Jesús], entregado por el determinado consejo y anticipado conocimiento de Dios" (Hch. 2:23). En Judas, en Pilato, en Herodes, en la multitud, en los soldados gentiles, en nuestro pecado y en la sumisión de Jesús como un cordero, Dios mismo entregó a su Hijo. Nada más grandioso ni más difícil ha sucedido nunca. Ni sucederá jamás.

La mitad sencilla del argumento

Por lo tanto, en el argumento *a fortiori* de Pablo, Dios ha hecho la parte más difícil para darnos felicidad eterna. Él no escatimó ni a su propio Hijo, sino que lo entregó por todos nosotros. ¿Qué garantiza esto? Pablo lo expresa en forma de una pregunta retórica (es decir, una pregunta que él espera que respondamos de manera correcta e inmediata): "*¿Cómo no nos dará también con él todas las cosas?*".

Pablo espera que convirtamos esto en una declaración segura y vehemente. Por ejemplo: "Con toda seguridad, Él también nos dará con Jesús en su gracia todas las cosas".

Puesto que Dios no escatimó ni a su propio Hijo, sino que lo entregó por todos nosotros, Él indudablemente nos dará con Él todas las cosas.

¡Todas las cosas! Esta no es una promesa de una vida libre de problemas. Cuatro versículos más adelante, Pablo dice: "Como está escrito: Por causa de ti somos muertos todo el tiempo; somos contados como ovejas de matadero" (Ro. 8:36).

Cuando dice que "Él nos dará *todas las cosas*" se refiere a *todas las cosas* que necesitamos para hacer su voluntad. *Todas las cosas* que necesitamos para glorificarlo. *Todas las cosas* que necesitamos para ser predestinados, luego llamados, justificados y glorificados, es decir, para alcanzar la felicidad eterna (Ro. 8:30).

Puesto que Dios no escatimó ni a su propio Hijo, sino que lo entregó por todos nosotros:

- todas las cosas nos ayudan a bien (v. 28).
- seremos hechos conformes a la imagen de su Hijo (v. 29).
- seremos glorificados (v. 30).
- nadie puede estar contra nosotros y vencer (v. 31).
- ninguna acusación prevalece contra nosotros (v. 33).
- nada puede separarnos del amor de Cristo (v. 35).
- en tribulación, en angustia, en persecución, en hambre, en desnudez, en peligro y en espada somos más que vencedores (vv. 35-37).
- ni la muerte, ni la vida, ni ángeles, ni principados, ni potestades, ni lo presente, ni lo por venir, ni lo alto, ni lo profundo, ni ninguna otra cosa creada nos podrá separar del amor de Dios, que es en Cristo Jesús Señor nuestro (vv. 38-39).

Toda mi esperanza depende de la lógica de Romanos 8:32

Ahora volvamos al principio. He dicho que cuando tenía veintitrés años, esta lógica celestial penetró de manera tan profunda en mi alma que cambió mi manera de pensar acerca de todo, y que el cambio rebosó de esperanza. Esto es lo que quise decir. Esta lógica del cielo enseña que el hecho de que el Padre no escatimó al Hijo asegura cada promesa en la que he confiado en el pasado y en la que confiaré en el futuro.

Yo vivo cada día por las promesas de Dios. Y debo cada una

de ellas a la lógica de Romanos 8:32. ¿Ven cuán extraordinario y absoluto es esto para mí? Toda mi esperanza depende de las promesas de Dios. Y todas las promesas (todas las cosas) están garantizadas por la lógica de Romanos 8:32.

Pablo dijo: "porque todas las promesas de Dios son en él Sí [en Jesús]" (2 Co. 1:20). Esto es así porque el Padre no escatimó a su Hijo. Lo hizo para que *todas las cosas*, todas estas promesas, fueran un sí rotundo para todos los que confían en Él. Yo he peleado todas las batallas de mi vida con las promesas de Dios, batallas contra el temor, la lujuria, la codicia, el orgullo y el enojo. Batallas por el valor, la pureza, el contentamiento, la humildad, la paz y el amor. Y todas ellas por medio de la Palabra de Dios, las promesas de Dios.

Detrás de cada una de esas batallas está la lógica del cielo: "Yo no escatimé ni a mi propio Hijo; por lo tanto, mi promesa para ti no puede fallar. Cumple con tu llamado". La lógica del cielo lo abarca todo, lo permea todo, tiene un valor supremo. ¿Y qué debería sentir yo por el hombre que me mostró todas estas cosas? ¿Acaso no debería amarlo? Dios sabe que lo amo.

Un elogio final

El amor de Cristo por mí,
encarnado en Pablo

Mi objetivo a lo largo de este libro ha sido ayudarte a conocer al apóstol Pablo, lo que él enseñó y cómo vivió. Detrás de ese objetivo están la esperanza y la oración para que el alma de este hombre, embelesada con Dios, su visión única de Jesucristo y la autenticidad de su vida te inspiren a admirarlo, a creer su mensaje y a abrazar a su Señor.

Pablo se ha ganado mi confianza. No puedo verlo como un engañador ni como alguien que está engañado. En el hombre y en su enseñanza me veo confrontado a una crisis, una crisis enorme que determina el significado de mi vida y el destino de mi alma. Pablo dijo que vendrá un día de juicio para todo el mundo. Y ese día dijo que "Dios juzgará por Jesucristo los secretos de los hombres, conforme a mi evangelio" (Ro. 2:16).

Cuando considero mi vida y los pecados secretos de mi corazón, los motivos viciados de egoísmo que han contaminado cada uno de mis actos, siento pavor y desesperanza frente a la perspectiva de juicio delante de un Dios infinitamente santo que ha determinado que la paga del pecado es muerte (Ro. 6:23). Pablo me ha mostrado que este es un temor sabio y fundado. "No te ensoberbezcas, sino teme" (Ro. 11:20). De modo que mi crisis es real. Pablo lo sabía. Y lo confirmó. Él es un buen médico y no considera con ligereza una enfermedad terminal.

Pablo es honesto. Y, al igual que su Maestro, me ama. Aunque nunca me ha visto, ha diagnosticado mi condición pecaminosa y perdida delante de Dios. Él me ha mirado a los ojos y me ha dicho la verdad. En mí no hay esperanza. Y luego, a través de una vida de sufrimiento casi constante, se ha esforzado por mostrarme y enseñarme dónde encontrar alivio, vida y esperanza. Lo expresó en forma de testimonio personal para ayudarme a sentir su valor infinito:

> Y ciertamente, aun estimo todas las cosas como pérdida por la excelencia del conocimiento de Cristo Jesús, mi Señor, por amor del cual lo he perdido todo, y lo tengo por basura, para ganar a Cristo, y ser hallado en él, no teniendo mi propia justicia, que es por la ley, sino la que es por la fe de Cristo, la justicia que es de Dios por la fe (Fil. 3:8-9).

Es aquí donde alumbra la luz de esperanza para las tinieblas de mi temor, ¡una justicia que no es la mía! Una justicia que viene de Dios, no de mí mismo. Aún así, una justicia que es contada como mía, si puedo ser hallado *en Cristo*. ¿Y cómo puedo ser hallado *en Cristo*? No por guardar la ley, sino por la fe. Es una justicia "que es por la *fe* de Cristo, la justicia que es de Dios por la *fe*". Esto significa que en el juicio final Cristo será mi abogado, no mi adversario.

Martín Lutero dijo que si estas noticias eran ciertas, él se pararía de cabeza de la dicha. Yo sospecho que él cumplió lo que dijo, y que todo Wittenberg saltó de alegría cuando el evangelio de Pablo puso el mundo patas arriba.

Tres veces dijo Pablo "no miento":

> Verdad digo en Cristo, *no miento*, y mi conciencia me da testimonio en el Espíritu Santo (Ro. 9:1).
>
> El Dios y Padre de nuestro Señor Jesucristo, quien es bendito por los siglos, sabe que *no miento* (2 Co. 11:31).

> Para esto yo fui constituido predicador y apóstol (digo verdad en Cristo, *no miento*), y maestro de los gentiles en fe y verdad (1 Ti. 2:7).

Declaró esto con tal vehemencia porque sabía que si lo rechazamos como portavoz fidedigno del Cristo resucitado, rechazaríamos toda esperanza para el día final. Pablo sintió el peso de esta realidad. Él era consciente de la conexión entre su propia veracidad y lo que significaría para sus lectores rechazarlo como mentiroso o engañador.

Yo puedo verlo mirándome con lágrimas en los ojos (Ro. 9:2; 10:1; Fil. 3:18). Y puedo escucharlo decirme en tono muy personal, "a ninguno fui carga... ¿Por qué? ¿Porque no os amo? Dios lo sabe" (ver 2 Co. 11:9, 11).

Sí, él nos ama. En este amor, él encarna el amor de Cristo por mí. Así pues, usando las palabras de otro apóstol, Juan, lo esencial no es que yo ame a Pablo, sino que Pablo me amó y me mostró el amor de Cristo que nos amó a los dos y se dio a Sí mismo por nosotros (ver 1 Jn. 4:10). Eso lo ha cambiado todo.

Índice general

Índice de escrituras

desiringGod

Todo el mundo quiere ser feliz. Nuestro sitio web nació y fue diseñado con ese fin. Queremos que todas las personas en todas partes entiendan y abracen la verdad según la cual Dios *se glorifica en nosotros en mayor medida cuanto más nos deleitamos en Él*. Hemos recopilado más de treinta años de intervenciones y escritos de John Piper, que además han sido traducidos a más de cuarenta idiomas. También publicamos diariamente nuevos materiales impresos y audiovisuales para ayudarle a encontrar verdad, propósito y satisfacción eternos. Todos los recursos están disponibles sin costo alguno, gracias a la generosidad de personas que han sido bendecidas por el ministerio.

Si desea acceder a más recursos para la felicidad verdadera, o si desea saber más acerca de nuestra obra en Desiring God, lo invitamos a visitar https://www.desiringgod.org/languages/spanish.

www.desiringGod.org

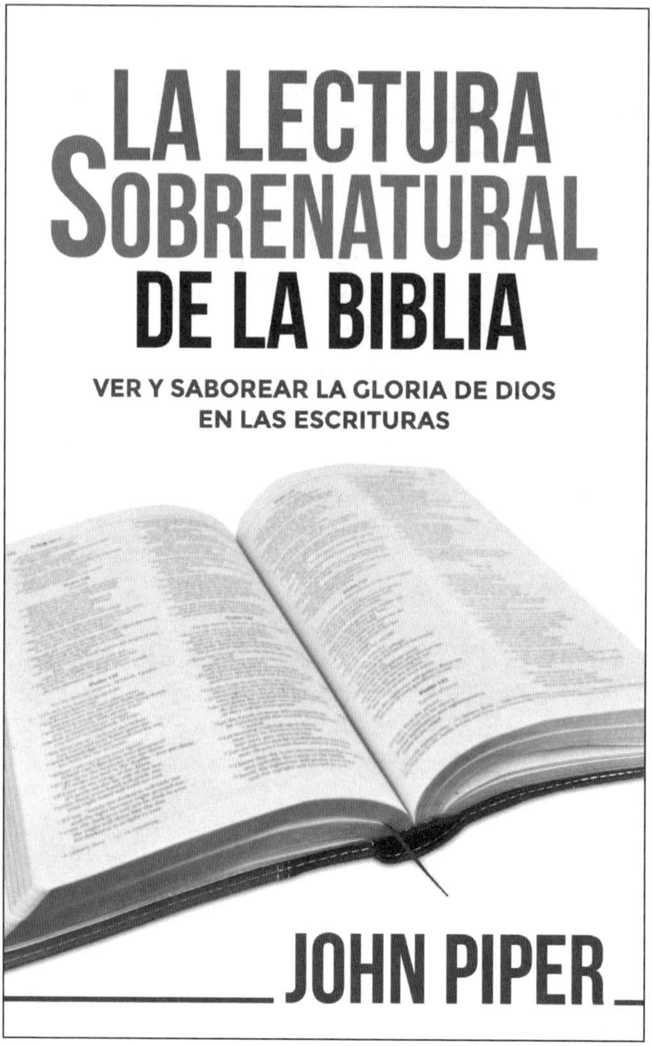

En *La lectura sobrenatural de la Biblia*, John Piper pretende mostrarnos cómo obra Dios a través de su palabra escrita cuando practicamos el acto natural de leer la Biblia, y así experimentemos su poder de concedernos la vista, un poder que se extiende más allá de las palabras en la página. Finalmente, Piper nos muestra que en el aparentemente ordinario acto de leer la Biblia, sucede algo milagroso: recibimos ojos para contemplar la gloria del Dios vivo.

La predicación cristiana es un medio designado por Dios para transformar a sus oyentes tanto en la mente como en el corazón. Con ejemplos claros de métodos específicos, Piper muestra a los predicadores cómo y qué comunicar desde el púlpito de una manera que toma en serio la tarea de manejar la Palabra de Dios semana tras semana en el contexto de, y como, la adoración cristiana.

Piper examina la naturaleza autoautenticadora de la Palabra de Dios y cómo revela su verdad; lo que Cristo y sus apóstoles creyeron acerca de las Escrituras y por qué la gloria de Dios se manifiesta únicamente en el cumplimiento de la profecía, los milagros de Jesús y el sufrimiento gozoso de los cristianos perseguidos.

Este libro es una historia desde lo más profundo del corazón del autor. Nos ruega que entendamos que Dios, como fue revelado a través de la muerte y la resurrección de Cristo, es el regalo más grande e importante de todo el evangelio. Todos los dones de Dios son una muestra de su amor porque nos guían hacia sí mismo. Este es el amor auténtico de Dios, su compromiso para hacer todo lo necesario para captarnos con lo que real y profundamente nos satisface: Dios mismo.

EDITORIAL
PORTAVOZ

NUESTRA VISIÓN

Maximizar el efecto de recursos cristianos de calidad que transforman vidas.

NUESTRA MISIÓN

Desarrollar y distribuir productos de calidad —con integridad y excelencia—, desde una perspectiva bíblica y confiable, que animen a las personas a conocer y servir a Jesucristo.

NUESTROS VALORES

Nuestros valores se encuentran fundamentados en la Biblia, fuente de toda verdad para hoy y para siempre. Nosotros ponemos en práctica estas verdades bíblicas como fundamento para las decisiones, normas y productos de nuestra compañía.

Valoramos la excelencia y la calidad.
Valoramos la integridad y la confianza.
Valoramos el mérito y la dignidad de los individuos y las relaciones.
Valoramos el servicio.
Valoramos la administración de los recursos

.

Para más información acerca de nuestra editorial y los productos que publicamos visite nuestra página en la red: www.portavoz.com.